Shakespeare ❖ Sonette

WILLIAM SHAKESPEARE

DIE SONETTE

NEU ÜBERSETZT
UND EINGELEITET VON
RICHARD BLETSCHACHER

Zweisprachige Ausgabe

Deuticke

EINLEITUNG

Die Sammlung der Sonette Shakespeares ist ein Rätselbuch. Dies Wort mag für alle Bücher gelten, die anspruchsvolle Gedichte enthalten. Doch über diesen Versen des größten aller Dramatiker scheint ein besonderes Geheimnis zu walten. Schon beim Lesen weniger Zeilen hat man das unabweisbare Gefühl, daß hier eine Stimme, die man sonst nur aus den Mündern erfundener Theaterfiguren gehört hat, aus dem ureigensten und innersten Lebensraum des Dichters spricht, eines Mannes, den man weniger zu kennen meint als sonst einen der großen Künstler des Abendlandes. Dies liegt nicht zuletzt daran, daß in den Sonetten der Lyriker in der Ich-Form zu Wort kommt, daß er sich selbst beim Namen nennt, daß er seine Beglückungen und Leidenschaften bekennt und von den Menschen redet, die ihm nahe stehen und sein Wohl und Wehe bestimmen. Er nennt sich Will, nicht William, geschweige denn so, wie alle Welt ihn kennt, Shakespeare. Will ist der Name, den seine Freunde und Liebsten für ihn gebrauchen. Und schon damit beginnen die Rätsel. Will heißt der Autor. »Will« heißt auf deutsch auch »der Wille«, und noch etwas anderes, das man bei uns zulande schon einmal als »der freie Wille« bezeichnet hat: das Organ seiner Männlichkeit. Man vergleiche hierzu die kaum mehr zweideutigen Anspielungen des Sonetts Nr. 136. Will nennt sich aber offenbar auch sein bedrohlicher Nebenbuhler, und nicht zuletzt wohl auch der Adressat eines Großteils seiner Gedichte und Widmungsträger der ganzen Sammlung, dessen Initialen vom Herausgeber mit W. H. angegeben werden. Einmal wird dieses vieldeutige Wort im Ernst, ein anderes Mal wird es im Scherz genannt. Sicher kann man sich nie bei seiner Zuweisung sein. Was gäbe es denn auch für eine Sicherheit im Reich der Gefühle?

Wer ist dieser andere Will, dieser siegreiche Wille, dieser geliebte und bewunderte zweite William der Sonette? Darüber ist viel gerätselt worden, ohne daß eine überwiegende Meinung sich hätte behaupten können. Drei historische Personen immerhin sind mehr als alle anderen genannt worden: William Herbert, Earl of Pembroke, Lord Chamberlain und,

5

gemeinsam mit seinem jüngeren Bruder, einer der beiden Widmungsträger der ersten Folio-Ausgabe von Shakespeares Theaterstücken; dann William Hall, ein Beamter der Registratur für neue Druckwerke, dessen Namen man - unter Weglassung der Interpunktion - aus der ersten Zeile der Widmung des Herausgebers ablesen könnte:»MR. W. H. ALL«; und dann auch noch William Harvey, der zweite Gatte der Lady Southampton. Der allerdings könnte wegen seines Alters bestenfalls als Auftraggeber für die ersten siebzehn Sonette gelten, in denen der eigentliche Adressat zu Heirat und Kinderzeugung ermuntert wird. Glaubt man jedoch, in dem zweiten Will oder William etwa des Sonetts Nr. 135 eine andere Person auszumachen zu müssen als den Widmungsträger W. H., so kann man für den letzteren auch noch auf den Grafen von Southampton selbst tippen, dessen Name Henry Wriotesley lautet und dem die beiden ersten Publikationen Shakespeares, die Versepen »Venus and Adonis« und »The Rape of Lucrece« zugeeignet sind. In diesem Fall müßte man die doch etwas seltsame Umkehrung der Initialen W. H. in H. W. in Kauf nehmen.

Da hier nicht der Raum ist, um all diese Theorien, und auch noch einige andere, weniger überzeugende, zu begründen oder zu widerlegen, sei es gestattet, das Ergebnis meiner eigenen Schlußfolgerungen zu nennen. Ich zweifle nicht, daß William Herbert, der 1580 geborene, jugendliche Graf von Pembroke, zugleich der zweite Will des Dichters als auch der W. H. des Herausgebers ist. Für meine Annahme spricht, daß dieser kunstliebende, vielbewunderte Aristokrat ein großer Förderer des Theaters und ein besonderer Freund des Dichters war; daß er überdies zur Zeit der Veröffentlichung der Sonette in unbestrittenem öffentlichen Ansehen stand, was man von dem nach der Verschwörung des Grafen Essex über mehrere Monate inhaftierten Henry Wriotesley nicht sagen kann. Als weiteres Indiz für eine Widmung der Sonette an den jungen Grafen Pembroke mag gelten, daß im Sonett Nr. 3 von der Mutter des jungen Mannes gesprochen wird, die in ihrem Sohn die Erinnerung an die Blüte ihrer eigenen Schönheit findet. Die verwitwete Gräfin Pembroke war um 1600 eine der angesehensten Damen des englischen Hofes. In diesem Zusammenhang fällt auf, daß von einem

Vater des Adressaten W. H. nur als von einem Verstorbenen die Rede ist. Der frühe Tod des älteren Grafen Pembroke und die damit auf den minderjährigen Sohn gefallene Erbschaft von Titel und Vermögen setzte diesen in den Stand, als Mäzen für Burbages Theatertruppe zu wirken, brachte aber auch die Verpflichtung zu jener standesgemäßen Heirat mit sich, von der in den ersten siebzehn Sonetten die Rede ist. Daß der junge Aristokrat diesen frommen Wunsch nicht so bald zu erfüllen gewillt war, beweist ein Brief seiner Mutter aus dem Jahr 1612, in dem er noch einmal aufgefordert wird, sich doch endlich zu vermählen.

Für wen auch immer sich unsere Vorliebe entscheidet, sein Name würde uns wohl einige Fragen zu Shakespeares Biographie zu beantworten helfen, für das Verständnis oder gar die Bewertung der Sonette wäre er aber nicht von essentieller Bedeutung. Es muß uns genügen, daß der Dichter ihm auf eine schicksalhafte Weise verbunden war, die sein Leben und Wirken stärker prägte, als Männerfreundschaften dies gemeinhin tun. Wenn es sich bei diesem jüngeren, einmal gepriesenen, einmal beschuldigten Mann stets um ein und dieselbe Person handelt, hat sein Glück und Unglück bestimmender Einfluß gewiß nicht allein die Sonette, sondern auch manche andere Dichtung Shakespeares berührt. Und es soll uns nicht wundern, wenn einige Verse Töne anstimmen, die uns aus den lyrischen Passagen der frühen Komödien oder den sarkastischen Monologen der späteren Jahre bekannt sind.

Es ist oft behauptet worden, die ersten 126 der insgesamt 154 Sonette seien allesamt dem einen, an Jahren jüngeren, an Ansehen und Besitz aber höhergestellten Adressaten zuzuordnen. Ich wage diese These zu bezweifeln. Von vielen dieser Sonette ist keineswegs mit Gewißheit zu sagen, ob sie sich an einen Mann oder an eine Frau wenden. Das englische Original ist in dieser Hinsicht nicht so eindeutig, wie manche voreilige Übersetzung es haben möchte. Wenn man zu der wohlbegründeten Ansicht gelangt, daß keinesfalls der Dichter selbst die Herausgabe besorgt haben kann, so gibt es auch keine Gewähr dafür, daß die gewählte Reihenfolge dem Schaffenszusammenhang entspricht. Den Leser hindert also nichts, eine große Zahl der leidenschaftlichsten Liebesgedichte ebensogut einem weiblichen wie einem männlichen

Adressaten zuzuordnen. Ich nenne als Beispiele nur die Sonette Nr. 18, 25, 29, 49 und 71, bei deren Übersetzung ich versucht habe, die Unentschiedenheit des Originals weitgehend zu wahren. Dies vor allem aus dem Grund, daß ich die Reihung der Gedichte weder nach ihrer Entstehungszeit noch nach ihrer inhaltlichen Verwandtschaft für authentisch halte. Hier scheint vielmehr, ebenso wie bei den Raubdrucken von Schauspieltexten der frühen Quartos, eine sorglos eilige Willkür am Werk gewesen zu sein. Gewiß gehören die ersten siebzehn Sonette in einen thematischen Zusammenhang. Sicherlich sind auch die Nummern 78 bis 95, mit einigen Einschränkungen, mit ein und derselben Tinte geschrieben. Aber wie gerieten die konventionellen Reimereien rund um die Nummer 100 in diese Gesellschaft? Und wie wäre es möglich, daß nach den bittersten Verwünschungen die harmlosesten Liebenswürdigkeiten sich geben, als wäre nichts geschehen? Für gewöhnlich retten sich die Interpreten vor solchen Fragen in die Postulierung eines geschlechtslosen »lyrischen Ich«, das über den Wassern schwebt. Damit sind die erschütternden Bekenntnisse einer immer aufs neue verwundeten und geheilten Seele nicht zu entschlüsseln. Der Mitleidende allein wird von ihrem Geheimnis betroffen.

Kein Zweifel dürfte an der Tatsache bestehen, daß die letzte Gruppe der Sonette, etwa ab der Nummer 127 sich an eine weibliche Geliebte wendet, die in der Shakespeare-Literatur den geheimnisvollen Namen »black lady« trägt. Von ihr ist gewiß auch schon in den Nummern 41 und 42 die Rede. Zum ersten Mal angesprochen wird sie in den beiden ersten Sonetten der im Jahre 1599 erschienenen Gedichtsammlung »The Passionate Pilgrim«. Diese Verse sind mit geringen Abänderungen als die Nummern 138 und 144 in die Sonett-Edition von 1609 aufgenommen worden. Manche Interpreten glauben, aus den wenigen Zeilen, die ihr äußeres Erscheinungsbild beschreiben, entnehmen zu können, daß die Frau, die in unserem Dichter ebensoviel Liebesleidenschaft wie Verzweiflung auszulösen imstande war, nicht nur schwarzhaarig und schwarzäugig, sondern auch von dunkler Hautfarbe gewesen sein müsse. So könnte man, wenn man will, die Verse 10 bis 12 im Sonett Nr. 131 deuten, und so liest man es auch unter anderem in dem phantasievollen Roman von Anthony

Burgess. Andere wollen eine Hofdame der Königin mit Namen Mary Fitton in ihr wiedererkennen. Ich entschlage mich hierin jeder eigenen Meinung und gebe nur zu bedenken, daß die gelegentlich angemeldete Kandidatur einer Wirtin Davenant aus Oxford – Mutter des Dichters William Davenant, der sich als illegitimen Sohn Shakespeares bezeichnete – wohl kaum akzeptiert werden kann. Dies schon allein wegen ihrer ehelichen Bindung an einen doch einen Tagesritt vom Schauplatz der Handlung entfernten Wohnort. Denn daß sich Shakespeares Leben, Lieben und Leiden in den Jahren, die für die Entstehung der Sonette in Betracht kommen, also von etwa 1595 bis 1609, in London abgespielt haben, darüber kann es doch keine geteilten Meinungen geben. Auch sträubt man sich wohl mit Recht, diese Sonette als das Ergebnis einiger amouröser Exkursionen oder gelegentlicher Nächtigungen auf dem Heimweg zu seiner Familie in Stratford anzusehen. Im übrigen ist bemerkenswert, daß diese mysteriöse Dame dem Dichter nur wenige heitere Liebesstunden, wie etwa in dem bezaubernden Musiksonett Nr. 128 beschrieben, gegönnt haben dürfte. Selten wird sie von ihm gepriesen, oft wird sie verflucht. Und wenn Francis Meres im Jahre 1598 die Gedichte Shakespeares als »sugared sonnets among his friends« bezeichnet, so hat er die bittersten unter ihnen noch nicht gekannt. In der Tat möchte man diese auch am ehesten in die Zeit der großen seelischen Bedrängnisse und Enttäuschungen datieren, also in die Entstehungszeit des »Hamlet« (um 1600) und des »King Lear« (um 1605).

In zumindest fünf Gedichten der Sammlung, den Nummern 42, 133, 134, 135 und 144, ist die schmerzliche Rede davon, daß sich Freund und Freundin des Dichters zu einem Liebespaar vereinigen. An anderer Stelle kommt ein zweiter Dichter ins Spiel, dessen hohes Talent von Shakespeare neidvoll anerkannt wurde, dessen Identität aber wiederum Anlaß zu Spekulationen gab. Der Dramatiker George Chapman ist hier der Favorit der Rätselrater. Wer immer es gewesen sein mag, wenn Shakespeare den Rivalen als einen »besseren Geist« bezeichnet, muß man ihm widersprechen. Denn bessere Gedichte als jene, die er uns mit den schönsten seiner Sonetten geschenkt hat, hat vor ihm und nach ihm kaum ein anderer geschrieben.

Dennoch sei an dieser Stelle nicht verschwiegen, daß eines der erstaunlicheren Rätsel, das uns diese Sammlung bietet, darin besteht, daß sie neben Kronjuwelen des Genies auch einige Handwerksarbeiten geringeren Wertes enthält. Da sind zum Beispiel drei Gedichte zu nennen, die man nur mit gutem Willen überhaupt als Sonette bezeichnen kann. Wenn das Shakespearesche Sonett - im Gegensatz zu der von Petrarca begründeten italienischen Tradition, die zwei Vierzeiler, gefolgt von zwei Dreizeilern, fordert - durch drei kreuzweise gereimte Vierzeiler und einen paarweise gereimten Zweizeiler gebildet wird, so findet man in den Gedichten Nr. 99 und 126 statt der orthodoxen vierzehn einmal fünfzehn und einmal zwölf Zeilen. Auch sind die Verse von Nr. 126 allesamt paarweise und nicht übers Kreuz gereimt. Es ergibt sich dadurch nicht nur eine veränderte Form, sondern auch ein anderer Fluß der Gedanken, und selbst die kraftvoll zusammenfassende Wirkung der beiden Schlußzeilen, des sogenannten »heroic couplet«, wird dadurch gemindert. Auch wenn im Sonett Nr. 145 aus den traditionellen fünffüßigen Jamben mit einem Mal vierfüßige werden, stellt sich Verwunderung ein. Mögen dies nur formale Kriterien sein, so fallen die qualitativen noch stärker ins Gewicht. Durch die allzu häufige Wiederholung ein und desselben Themas in den ersten Gedichten und die überraschend konventionelle Sprache und Imagination ausgerechnet der beiden letzten Gedichte wird noch einmal die Vermutung bestätigt, daß der Autor an der Edition seiner Verse nicht beteiligt war. Dies ist umso wahrscheinlicher, als auch die vorangestellte Widmung des Buches nicht wie bei früheren Publikationen von seiner, sondern von der Hand des Verlegers stammt.

Damit kommen wir zu den Zeilen, deren Entzifferung nicht allein den fremdsprachigen Übersetzern, sondern auch den englischen Forschern seit jeher die größten Probleme bereitet hat. Man wird mir verzeihen, wenn ich nicht alle Deutungsversuche dieser dem Band vorangesetzten Widmung kommentiere, zumal ich glaube, daß die angerichteten Verwirrungen um Shakespeares Leben und Werk ohnehin größer sind, als dies die zahlreichen bekannten Fakten rechtfertigen. Ich habe hier, wie in allen anderen Belangen einer wort- und sinngetreuen Übersetzung, keinen Raum für linguistische

Spitzfindigkeiten gelassen und eine deutsche Version der ominösen Zeilen angeboten, die keine neuen Fragen aufwirft, sondern die vorgefundenen nach bestem Wissen zu beantworten sucht. Daß der Unterzeichner T. T. der Londoner Buchhändler und Verleger Thomas Thorpe war, wurde inzwischen mehrfach beglaubigt. Ich sehe keinen Anlaß, daran zu zweifeln, daß mit der Bezeichnung »ONLIE. BEGETTER.« der Inspirator der nachfolgenden Verse – und nicht, wie etwa der verehrte W. H. Auden annimmt, den Übergeber oder Besorger des Manuskripts – gemeint war; denn wie sonst käme der Empfänger und Verleger Thorpe dazu, diesem Anonymus den kostbaren Band mit den persönlichsten Bekenntnissen unseres unsterblichen Dichters (»BY. OVR. EVER-LIVING. POET.«) zu widmen? Warum Thorpe den Herrn Grafen nicht mit My Lord anredet, sondern mit Mr. W. H., das fragt nur einer, der nicht anerkennen will, daß der vom Inhalt des Werkes so persönlich betroffene Anreger und Widmungsträger dieser Sonette ungenannt bleiben wollte. Eingeweihten war zu Lebzeiten des Dichters das, was uns heute allzu sehr in Verwirrung bringt, wohl ohnehin kein Geheimnis.

Lassen wir nun aber, nachdem das Nötigste gesagt wurde, die historischen Betrachtungen beiseite und öffnen wir die Sinne dem nie endenwollenden Zauber unseres Dichters. Er hat, wie selten einer vor ihm, zu Lebzeiten schon für unsterblich gegolten und hat die Aureole und die Bürde seines Ruhms mit Stolz und auch mit Demut getragen. Davon und von den Himmel- und Höllenfahrten seiner Liebe künden diese Gedichte. Die besten unter ihnen stehen seinen dramatischen Meisterwerken an Tiefe der Empfindung und Gewalt der Sprache nicht nach. In manchen Versen fühlt man sich von derselben herz- und geistbezwingenden Kraft angerührt, die auch im »Sommernachtstraum«, in »Was Ihr wollt«, im »Hamlet« oder im »König Lear« waltet. Wenn es mir gelungen sein sollte, auch nur einen Abglanz davon in »mein geliebtes Deutsch zu übertragen«, so ist die Mühe einer Arbeit, die mich über mehrere Jahrzehnte begleitet hat, reichlich belohnt.

Wien, im März 1996   Richard Bletschacher

TO. THE. ONLIE. BEGETTER. OF.
THESE. INSVING. SONNETS.
MR. W. H. ALL. HAPPINESSE.
AND. THAT. ETERNITIE.
PROMISED.
BY.
OVR. EVER-LIVING. POET.
WISHETH.
THE. WELL-WISHING.
ADVENTURER. IN.
SETTING.
FORTH.
                                    T.T.

DEM EINZIGEN INSPIRATOR
DER NACHFOLGENDEN SONETTE,
MR. W. H., ALLES GLÜCK
UND JENE EWIGKEIT,
DIE
UNSER EWIG LEBENDER DICHTER
VERSPROCHEN HAT,
WÜNSCHT
DER WOHLMEINENDE
WAGEMUTIGE, INDEM
ER SIE
HERAUSGIBT.
                                    T.T.

Widmung der von Thomas Thorpe
1609 veröffentlichten Erstausgabe der Sonette

1

From fairest creatures we desire increase,
That thereby beauty's rose might never die,
But as the riper should by time decease,
His tender heir might bear his memory:
But thou, contracted to thine own bright eyes,
Feed'st thy light's flame with self-substantial fuel,
Making a famine where abundance lies,
Thyself thy foe, to thy sweet self too cruel:
Thou that art now the world's fresh ornament,
And only herald to the gaudy spring,
Within thine own bud buriest thy content,
And, tender churl, mak'st waste in niggarding:
   Pity the world, or else this glutton be,
   To eat the world's due, by the grave and thee.

2

When forty winters shall besiege thy brow,
And dig deep trenches in thy beauty's field,
Thy youth's proud livery, so gazed on now,
Will be a tattered weed, of small worth held:
Then being asked, where all thy beauty lies,
Where all the treasure of thy lusty days;
To say within thine own deep-sunken eyes,
Were an all-eating shame, and thriftless praise.
How much more praise deserved thy beauty's use,
If thou couldst answer 'This fair child of mine
Shall sum my count, and make my old excuse'
Proving his beauty by succsession thine.
   This were to be new made when thou art old,
   And see thy blood warm when thou feel'st it cold.

1

Vermehren sollen sich die schönsten Wesen,
auf daß der Schönheit Rose nie verderbe,
dann mag, was reif ist, welken und verwesen,
sein Angedenken trüg' ein zarter Erbe.
Verliebt in deine eignen Augen muß
dein Feuer aber an dir selber zehren,
und Hunger leidest du im Überfluß,
dein eigner Feind, willst du dich selbst verheeren.
Du bist der Erde junge Zierde nun,
des hellen Frühlings einziger Verkünder,
und läßt die Blüte in der Knospe ruhn.
Durch deine Schuld, du Geizhals, herrscht der Winter.
Erbarme dich und zahl der Welt Tribut,
daß nicht das Grab verschlingt ihr höchstes Gut!

2

Wenn deine Stirn von vierzig Wintern kündet
und durch ihr blüh'ndes Feld einst Furchen gehen,
dann wird der Kranz, den dir die Jugend windet,
wie ein zerschlissnes Unkraut dich umwehen.
Wenn sie dich dann nach deiner Schönheit fragen
und nach den Schätzen deiner frohen Zeiten,
was deine eingesunknen Augen darauf sagen,
das kann nur Schmach und Schande dir bereiten.
Weit größre Ehre würdest du erwerben,
wenn deine Antwort wär': Seht her, verzeiht,
was mir verwelkte, blüht in meinem Erben,
und was ich einstmals war, das ist er heut.
So wüchse neues Leben aus dem alten,
und warmes Blut entspränge aus dem kalten.

3

Look in thy glass, and tell the face thou viewest
Now is the time that face should form another,
Whose fresh repair if now thou not renewest,
Thou dost beguile the world, unbless some mother.
For where is she so fair whose uneared womb
Disdains the tillage of thy husbandry?
Or who is he so fond will be the tomb,
Of his self-love to stop posterity?
Thou art thy mother's glass and she in thee
Calls back the lovely April of her prime,
So thou through windows of thine age shalt see,
Despite of wrinkles, this thy golden time.
*   But if thou live remembered not to be,*
*   Die single, and thine image dies with thee.*

4

Unthrifty loveliness why dost thou spend
Upon thy self thy beauty's legacy?
Nature's bequest gives nothing but doth lend,
And being frank she lends to those are free:
Then beauteous niggard why dost thou abuse,
The bounteous largess given thee to give?
Profitless usurer, why dost thou use
So great a sum of sums yet canst not live?
For having traffic with thy self alone,
Thou of thy self thy sweet self dost deceive,
Then how when nature calls thee to be gone,
What acceptable audit canst thou leave?
*   Thy unused beauty must be tombed with thee,*
*   Which uséd, lives th' executor to be.*

3

Wenn du an deinem Spiegelbild dich freust,
so schaff ein neues Bild aus diesen Zügen;
denn wenn du jetzt nicht deren Glanz erneust,
wirst du die Welt und eine Frau darum betrügen.
Wo wäre die, so schön und stolz geboren,
daß ihre Furche solche Saat verschmähte,
und wo der Mann, so in sich selbst verloren,
daß er ins eigne Grab die Zukunft säte?
Du dienst der Mutter als ein Spiegel nun,
daß sie des eignen Frühlings sich entsinnt.
Bald wirst auch du solch einen Rückblick tun
in goldne Zeiten, die vergangen sind.
Doch wenn du lebst und stirbst als fremdes Wesen,
vergehst du so, als wärst du nie gewesen.

4

Warum vergeudest du der Schönheit Blüh'n,
verstreust den Liebreiz wie ein eitler Erbe?
Die Erbschaft der Natur ist nur geliehn,
auf daß ein Freier sie sich frei erwerbe.
Warum, du schöner Geizhals, gibst du aus,
was dir die Großmut einst so reich vermacht?
Wieviel Profit schlägst du am End' daraus,
daß du nicht leben kannst von all der Pracht?
Doch da du nur allein mit dir verkehrst,
betrügst du dich um deinen eignen Zins;
und wenn du einst den letzten Becher leerst,
wo bleibt die Rechnung deines Reingewinns?
Die ungenützte Schönheit sinkt ins Grab;
drum schenke weiter, was man dir einst gab.

5

Those hours that with gentle work did frame
The lovely gaze where every eye doth dwell
Will play the tyrants to the very same,
And that unfair which fairly doth excel:
For never-resting time leads summer on
To hideous winter, and confounds him there,
Sap checked with frost and lusty leaves quite gone,
Beauty o'er-snowed, and bareness every where:
Then were not summer's distillation left
A liquid prisoner pent in walls of glass,
Beauty's effect with beauty were bereft,
Nor it nor no remembrance what it was.
    But flowers distilled though they with winter meet,
      Leese but their show, their substance still lives sweet.

6

Then let not winter's raggéd hand deface,
In thee thy summer ere thou be distilled:
Make sweet some vial; treasure thou some place,
With beauty's treasure ere it be self-killed:
That use is not forbidden usury,
Which happies those that pay the willing loan;
That's for thy self to breed another thee,
Or ten times happier be it ten for one,
Ten times thy self were happier than thou art,
If ten of thine ten times refigured thee:
Then what could death do if thou shouldst depart,
Leaving thee living in posterity?
    Be not self-willed, for thou art much too fair,
      To be death's conquest and make worms thine heir.

5

Die Stunden, die ein feines Netz dir spinnen
um deine Augen, die von Liebreiz strahlen,
sie werden bald die Oberhand gewinnen
und deine Schönheit häßlich übermalen.
Die Zeit drängt deinen Sommer rastlos fort,
daß in des Winters Krallen er verdirbt.
Die Säfte frieren und das Laub verdorrt,
Bis unterm Schnee der Hauch des Lebens stirbt.
Blieb die Essenz der Schönheit nicht erhalten
so wie ein Destillat ins Glas gezwungen,
nie könnte sich die Blüte mehr entfalten
und mit ihr stürben die Erinnerungen.
    Ihr Duft kann selbst den Winter überstehen,
    mag auch die Blütenpracht im Frost vergehen.

6

Laß von des Winters rauhen Fäusten nicht
den Sommer deiner Schönheit jäh beenden.
Vergrab den Schatz. Erfüll die süße Pflicht.
Denn sein Gedeih'n liegt nur in deinen Händen.
In dem Gebrauch kann man nicht Wucher sehen,
der die beglückt, an die du dich verschwendest.
So wird ein zweites Du aus dir entstehen,
ein zehntes gar, wenn du es zehnfach spendest.
Es muß sich zehnfach auch dein Glück vermehren,
wenn du in zehn Gestalten neu erstehst.
Wie könnt' der Tod dir dann das Leben wehren?
Du lebst doch weiter, wenn du auch vergehst.
    Laß Selbstsucht deine Schönheit nicht verderben,
    sonst siegt der Tod, und nur die Würmer erben.

7

Lo in the orient when the gracious light
Lifts up his burning head, each under eye
Doth homage to his new-appearing sight,
Serving with looks his sacred majesty,
And having climbed the steep-up heavenly hill,
Resembling strong youth in his middle age,
Yet mortal looks adore his beauty still,
Attending on his golden pilgrimage:
But when from highmost pitch with weary car,
Like feeble age he reeleth from the day,
The eyes (fore duteous) now converted are
From his low tract and look another way:
    So thou, thy self outgoing in thy noon:
    Unlooked on diest unless thou get a son.

8

Music to hear, why hear'st thou music sadly?
Sweets with sweets war not, joy delights in joy:
Why lov'st thou that which thou receiv'st not gladly,
Or else receiv'st with pleasure thine annoy?
If the true concord of well-tunéd sounds,
By unions married do offend thine ear,
They do but sweetly chide thee, who confounds
In singleness the parts that thou shouldst bear:
Mark how one string sweet husband to another,
Strikes each in each by mutual odering;
Resembling sire, and child, and happy mother,
Who all in one, one pleasing note do sing:
    Whose speechless song being many, seeming one,
    Sings this to thee, 'Thou single wilt prove none'.

7

Sieh, wie im Ost das anmutsvolle Licht
sein brennend Haupt erhebt! Und staunend strebt
ein jeder Blick dem jungen Angesicht
zu huldigen, das so voll Hoheit schwebt.
Und ist es dann am Himmel aufgezogen,
voll ausgereifter Kraft im steilen Kreise,
bewundert unser Aug den stolzen Bogen,
den es erfüllt auf seiner goldnen Reise.
Doch, müd vom Weg, auf kühner Höhe wendet
es sich, so wie sich Greise beugen, nieder.
Die Augen irren, die einst Licht gespendet,
ganz langsam ab, dann sinken ihm die Lider.
So schnell ist, der du noch zum Mittag gehst,
wenn du nicht Söhne hast, dein Glanz verwest.

8

O horch: Musik! Du trauerst und sie tönt.
Die Lieb' weckt Liebe, Glück macht Glück entzücken.
Dich aber freut nicht das, was dich verschönt.
Fühlst du denn Lust, wenn dich die Leiden drücken?
Wenn dir zum Einklang wohlgestimmte Töne,
wie Liebende gepaart, das Ohr verletzen,
so ist selbst ihre Rüge eine schöne.
Du trennst den Klang und sollst zusammensetzen.
Sieh, wie ein Gatte neigt sich diese Saite
zur andern hin in wechselndem Erklingen,
Wie Vater, Kind und Mutter, die in Freude
die Harmonie des reinen Wohllauts singen.
Wortloses Lied, in vielen Dingen spricht's
wie eine Stimme: Einsam bleibst du nichts.

9

Is it for fear to wet a widow's eye,
That thou consum'st thy self in single life?
Ah, if thou issueless shalt hap to die,
The world will wail thee like a makeless wife,
The world will be thy widow and still weep,
That thou no form of thee hast left behind,
When every private widow well may keep,
By children's eyes, her husband's shape in mind:
Look what an unthrift in the world doth spend
Shifts but his place, for still the world enjoys it;
But beauty's waste hath in the world an end,
And kept unused the user so destroys it:
      No love toward others in that bosom sits
      That on himself such murd'rous shame commits.

10

For shame deny that thou bear'st love to any
Who for thy self art so unprovident.
Grant if thou wilt, thou art beloved of many,
But that thou none lov'st is most evident:
For thou art so possessed with murd'rous hate,
That 'gainst thy self thou stick'st not to conspire,
Seeking that beauteous roof to ruinate
Which to repair should be thy chief desire:
O change thy thought, that I may change my mind,
Shall hate be fairer lodged than gentle love?
Be as thy presence is gracious and kind,
Or to thyself at least kind-hearted prove,
      Make thee another self for love of me,
      That beauty still may live in thine or thee.

9

Daß sich kein Frauenaug mit Tränen näßt,
ist dies der Grund für deine Einsamkeit?
Ach, wenn du kinderlos die Welt verläßt,
dann trägt die Welt um dich ein Trauerkleid.
Als deine Witwe wird sie um dich weinen,
der du kein Abbild hinterlassen hast,
und jede andre wird ihr glücklich scheinen,
die doch ein Kind als Liebespfand umfaßt.
Was ein Verschwender in den Wind zerstreut,
das bleibt der Welt an anderm Ort erhalten,
die Schönheit aber lebt nur hier und heut,
einmal zerstört, kann nichts sie neu entfalten.
  Doch leer von Menschlieb' ist deine Brust,
  wenn du als Feind dich selbst vernichten mußt.

10

Aus Scham bestreit es nur, doch du liebst keinen,
da dich dein eignes Wohl so wenig schert.
Gesteh, daß manche heimlich um dich weinen,
du aber hast noch keinen je begehrt.
Du wütest gegen dich in solchem Haß,
daß du dich gegen 's eigne Haus verschwörst,
an Dach und Säulen stößt ohn' Unterlaß
und endlich, was du retten sollst, zerstörst.
O ändre dich, daß ich im Unrecht bin!
Soll Lieb' im Elend, Haß in Schönheit wohnen?
Voll Anmut wie dein Leib sei auch dein Sinn,
dein eignes Herz wird dir die Güte lohnen.
  Wenn du mich liebst, verwandle dein Gemüt,
  daß deine Schönheit in dir lebt und blüht.

11

As fast as thou shalt wane so fast thou grow'st
In one of thine, from that which thou departest,
And that fresh blood which youngly thou bestow'st
Thou mayst call thine, when thou from youth convertest,
Herein lives wisdom, beauty, and increase;
Without this, folly, age, and cold decay.
If all were minded so, the times should cease,
And threescore year would make the world away:
Let those whom nature hath not made for store,
Harsh, featureless, and rude, barrenly perish:
Look whom she best endowed, she gave the more;
Which bounteous gift thou shouldst in bounty cherish:
    She carved thee for her seal, and meant thereby,
    Thou shouldst print more, not let that copy die.

12

When I do count the clock that tells the time,
And see the brave day sunk in hideous night,
When I behold the violet past prime,
And sable curls ensilvered o'er with white:
When lofty trees I see barren of leaves,
Which erst from heat did canopy the herd
And summer's green all girded up in sheaves
Borne on the bier with white and bristly beard:
Then of thy beauty do I question make
That thou among the wastes of time must go,
Since sweets and beauties do themselves forsake,
And die as fast as they see others grow,
    And nothing 'gainst Time's scythe can make defence
    Save breed to brave him, when he takes thee hence.

11

Du welkst, indem du wachsend dich befreist,
dein Same blüht hervor aus deiner Hülle.
Das frische Blut, das neues Leben speist,
entspringt aus deiner eignen Überfülle.
Hierin liegt Weisheit, Schönheit und Gedeih'n.
Wär's anders, wär' es Torheit und Verfall,
das Leben würde bald zu Ende sein,
und unsre Welt verging' in Rauch und Schall.
Mag, wer als Stiefkind der Natur geboren,
in unfruchtbarer Dürre einsam sterben.
Du aber gib ihr reiches Erbe nicht verloren
und laß der Großmut Gaben nicht verderben.
    Als Siegel hat dich die Natur gekerbt,
    daß sich dein Abbild fort und fort vererbt.

12

Wenn ich die Stunden zähl' am Schlag der Uhr
und seh' den Tag vergehn in düstre Nacht,
des Frühlings Veilchen welken auf der Flur
und Firn sich legen auf die Lockenpracht;
wenn ich die Bäume ohne Blätter finde,
die jüngst noch Herden schattig überdachten,
des Sommers Grün verschnürt als Heugebinde,
die sie auf Karren in die Scheune brachten,
dann frag ich mich, was dir die Schönheit nützt,
da du mit allem Tand der Zeit vergehst.
Das Liebliche ist schwach und ungeschützt
und ist, wo Unkraut wuchert, bald verwest.
    Denn wenn die Sicheln durch die Garben fahren,
    kann nur die Saat sich vor dem Tod bewahren.

13

O that you were your self, but love you are
No longer yours, than you your self here live,
Against this coming end you should prepare,
And your sweet semblance to some other give.
So should that beauty which you hold in lease
Find no determination, then you were
Your self again after your self's decease,
When your sweet issue your sweet form should bear.
Who lets so fair a house fall to decay,
Which husbandry in honour might uphold,
Against the stormy gusts of winter's day
And barren rage of death's eternal cold?
    O none but unthrifts, dear my love you know,
    You had a father, let your son say so.

14

Not from the stars do I my judgement pluck,
And yet methinks I have astronomy,
But not to tell of good, or evil luck,
Of plagues, of dearths, or seasons' quality,
Nor can I fortune to brief minutes tell:
'Pointing to each his thunder, rain and wind,
Or say with princes if it shall go well
By oft predict that I in heaven find.
But from thine eyes my knowledge I derive,
And constant stars in them I read such art
As truth and beauty shall together thrive
If from thy self, to store thou wouldst convert:
    Or else of thee this I prognosticate,
    Thy end is truth's and beauty's doom and date.

13

Wärst du doch ganz du selbst; doch, ach, du bist
es nur, mein Liebster, hier in diesem Leben.
Bereit' dich, eh' die Zeit gekommen ist,
dein süßes Bild an andere zu geben.
Bedenk, du hast die Schönheit nur geliehen
und mußt sie weiterreichen vor dem Ende.
Du könntest dich nur dann dem Tod entziehen,
wenn deine Form ein neues Leben fände.
Wer ließe ein so schönes Haus verfallen,
anstatt es wohlverwaltet zu bewahren,
wenn todverkündend sich Gewitter ballen
und übers Dach die Winterstürme fahren?
Verschwendet, Liebster, wird genug auf Erden.
Du warst ein Sohn, nun mußt du Vater werden.

14

Wenn ich auch Weisheit nicht vom Himmel pflücke,
so glaub' ich doch, ich kenn' die Sternenwelt.
Zwar seh ich nicht, ob dies ob jenes glücke,
ob Pest, ob Dürre, wie die Ernte fällt;
auch kann ich nicht die Zeit der Zukunft finden
und jeder Stund' den Donner, Regen, Wind,
auch nicht den Fürsten ihr Geschick verkünden
durch sichre Zeichen, die am Himmel sind.
Ich weiß nur, was aus deinen Augen scheint,
die mir gleich Sternenbildern prophezeien,
daß sich das Wahre mit dem Schönen eint,
willst du dich je nur aus dir selbst befreien.
Doch willst du nicht, so stirbt die Schönheit aus,
und Wahrheit stirbt mit ihr. Ich sag's voraus!

15

When I consider every thing that grows
Holds in perfection but a little moment.
That this huge stage presenteth nought but shows
Whereon the stars in secret influence comment.
When I perceive that men as plants increase,
Cheered and checked even by the self-same sky:
Vaunt in their youthful sap, at height decrease,
And wear their brave state out of memory.
Then the conceit of this inconstant stay,
Sets you most rich in youth before my sight,
Where wasteful time debateth with decay
To change your day of youth to sullied night,
    And all in war with Time for love of you,
    As he takes from you, I engraft you new.

16

But wherefore do not you a mightier way
Make war upon this bloody tyrant Time?
And fortify your self in your decay
With means more blessed than my barren rhyme?
Now stand you on the top of happy hours,
And many maiden gardens yet unset,
With virtuous wish would bear you living flowers,
Much liker than your painted counterfeit:
So should the lines of life that life repair
Which this (Time's pencil) or my pupil pen
Neither in inward worth nor outward fair
Can make you live your self in eyes of men.
    To give away your self, keeps your self still,
    And you must live drawn by your own sweet skill.

15

Bedenke ich, daß alles, was gedeiht,
für Augenblicke nur vollkommen ist,
daß auf der Bühne unsrer Lebenszeit
die Macht der Sterne unser Glück bemißt;
betracht' ich, wie der Mensch der Pflanze gleicht,
als Erdensproß vom Himmel großgezogen,
im Frühling voller Saft, im Herbst erbleicht,
wird er bald vom Vergessen aufgesogen.
Dann läßt die Einsicht der Vergänglichkeit
dein Bild im Jugendglanz vor mir erstehen
und zeigt Verschwendung und Verfall im Streit,
denn auch dein Tag muß einst in Nacht vergehen.
    Aus Liebe kämpf' ich mit ihr um dein Leben.
    Was sie dir raubt, werd' ich dir wiedergeben.

16

Warum schlägst du den blutigen Tyrannen,
die Zeit, denn nicht mit schärfern Waffen nieder?
Weißt du denn nicht, um den Verfall zu bannen,
dir einen bessern Schutz als meine Lieder?
Nun stehst du auf dem Gipfel deines Glückes,
und manchen Mädchens unberührter Garten
trüg' gern die Blumenpracht deines Geschickes
viel schöner als ein Bild mit allen Farben.
Oh, daß dies Leben sein Gemäld erneue,
das meine Feder und der Zeichenstift
der Zeit an innrem Wert und äußrer Treue
niemals für andrer Menschen Augen trifft.
    Du bleibst dein eigen auch noch in der Gunst
    des Schenkens und lebst so durch eigne Kunst.

17

Who will believe my verse in time to come
If it were filled with your most high deserts?
Though yet heaven knows it is but as a tomb
Which hides your life, and shows not half your parts:
If I could write the beauty of your eyes,
And in fresh numbers number all your graces,
The age to come would say this poet lies,
Such heavenly touches ne'er touched earthly faces.
So should my papers (yellowed with their age)
Be scorned, like old men of less truth than tongue,
And your true rights be termed a poet's rage
And stretchéd metre of an antique song.
    But were some child of yours alive that time,
    You should live twice in it, and in my rhyme.

18

Shall I compare thee to a summer's day?
Thou art more lovely and more temperate:
Rough winds do shake the darling buds of May,
And summer's lease hath all too short a date:
Sometime too hot the eye of heaven shines,
And often is his gold complexion dimmed,
And every fair from fair sometime declines,
By chance, or nature's changing course untrimmed:
But thy eternal summer shall not fade,
Nor lose possession of that fair thou ow'st,
Nor shall death brag thou wander'st in his shade,
When in eternal lines to time thou grow'st,
    So long as men can breathe or eyes can see,
    So long lives this, and this gives life to thee.

17

Wer würde einst noch meinem Liede trauen,
wenn ich es ganz mit deinem Lob erfüllte?
Und doch wär's wie ein Grabmal anzuschauen,
das dich verbirgt mehr, als es dich enthüllte.
Könnt' ich die Schönheit deines Blicks beschreiben,
in frischer Zahl all deine Gaben zählen,
so spräch' die Zukunft: Dichter übertreiben.
So kann der Himmel kein Gesicht beseelen.
Man würde dies vergilbte Blatt verachten,
so wie das lose Maul von einem alten Mann,
würd' wahres Recht als Dichterrausch betrachten
und säh's als leeres Versgeklingel an.
    Doch wär' dann noch ein Kind von dir am Leben,
    das könnt', mit meinem Reim, dir Zeugnis geben.

18

Soll ich dich einem Sommertag vergleichen?
Du bist weit lieblicher und ohne Hast.
Die Maienblüten welken und erbleichen
im Sturm. Der Sommer ist ein kurzer Gast.
Manchmal scheint uns zu heiß des Himmels Auge,
oft trifft sein Abglanz uns durch Wolken nur,
und daß nicht ewig uns die Schönheit tauge,
müht sich der Zufall, wandelt sich Natur.
Dein unbegrenzter Sommer soll nie welken,
die Schönheit nie verblühen, die dich schmückt,
der Tod nie sagen, er könnt' dich umwölken,
durch ew'ge Verse bist du ihm entrückt.
    So lange Menschen atmen, Augen sehen,
    bleibt dies Gedicht, in dem du lebst, bestehen.

19

Devouring Time blunt thou the lion's paws,
And make the earth devour her own sweet brood,
Pluck the keen teeth from the fierce tiger's jaws,
And burn the long-lived phoenix in her blood,
Make glad and sorry seasons as thou fleet'st,
And do whate'er thou wilt swift-footed Time
To the wide world and all her fading sweets:
But I forbid thee one most heinous crime,
O carve not with thy hours my love's fair brow,
Nor draw no lines there with thine antique pen,
Him in thy course untainted do allow,
For beauty's pattern to succeeding men.
    Yet do thy worst old Time: despite thy wrong,
    My love shall in my verse ever live young.

20

A woman's face with nature's own hand painted,
Hast thou, the master mistress of my passion,
A woman's gentle heart but not acquainted
With shifting change as is false women's fashion,
An eye more bright than theirs, less false in rolling:
Gilding the object whereupon it gazeth,
A man in hue all hues in his controlling,
Which steals men's eyes and women's souls amazeth.
And for a woman wert thou first created,
Till Nature as she wrought thee fell a-doting,
And by addition me of thee defeated,
By adding one thing to my purpose nothing.
    But since she pricked thee out for women's pleasure,
    Mine be thy love and thy love's use their treasure.

19

Großmächt'ge Zeit, beschneid des Löwen Klauen
und laß die Erde ihre Brut verschlingen,
versuch des Tigers Zähne auszuhauen,
verbrenn des Phoenix unversehrte Schwingen,
erschaff den Frühling und vertreib ihn wieder,
tu, was du willst, wenn du vorüberwehst,
die Welt liegt wehrlos unter dir darnieder.
Nur eins gestatt' ich nicht, daß du begehst:
Grab keine Furchen in des Liebsten Brauen,
daß er den Griffel auf der Stirn nicht spürt
und so, wenn seine Haare nie ergrauen,
der Welt die Schönheit stets vor Augen führt.
    Doch wüt und tob du nur, uralte Zeit,
    dies Lied schenkt meiner Liebe Ewigkeit.

20

Ein Frauenantlitz, wie Natur es schafft,
ein weiblich sanftes Herz trägst du zur Schau,
als Herr und Herrin meiner Leidenschaft,
doch bist du nicht so falsch wie eine Frau.
Dein Blick ist strahlender als Frauenaugen,
zu Gold wird jedes Ding, worauf er fällt.
Von Farb' und Form kannst du als Mannsbild taugen,
so wie es Männer freut und Weibern wohlgefällt.
Doch hat Natur dich erst als Frau geschaffen,
bis sich die Närrin selbst in dich vergaffte
und gegen mich sich kehrt' mit neuen Waffen
und dir ein kleines Ding zuviel verschaffte.
    Laß nur die Frau'n sich freun an solchen Gaben,
    ich will sonst nichts als deine Liebe haben.

21

So is it not with me as with that muse,
Stirred by a painted beauty to his verse,
Who heaven it self for ornament doth use,
And every fair with his fair doth rehearse,
Making a couplement of proud compare
With sun and moon, with earth, and sea's rich gems:
With April's first-born flowers, and all things rare,
That heaven's air in this huge rondure hems.
O let me true in love but truly write,
And then believe me, my love is as fair,
As any mother's child, though not so bright
As those gold candles fixed in heaven's air:
    Let them say more that like of hearsay well,
    I will not praise that purpose not to sell.

22

My glass shall not persuade me I am old,
So long as youth and thou are of one date,
But when in thee time's furrows I behold,
Then look I death my days should expiate.
For all that beauty that doth cover thee,
Is but the seemly raiment of my heart,
Which in thy breast doth live, as thine in me,
How can I then be elder than thou art?
O therefore love be of thyself so wary,
As I not for my self, but for thee will,
Bearing thy heart which I will keep so chary
As tender nurse her babe from faring ill.
    Presume not on thy heart when mine is slain,
    Thou gav'st me thine not to give back again.

Mich kann solch eine Muse nicht verführen,
die für geschminkte Schönheit Verse findet,
die wie Girlanden dann den Himmel zieren,
weil jeder Geck sie seiner Schönsten windet,
indem er kuppelnd ihren Reiz vergleicht
mit Sonn' und Mond, mit Gemmen, edlen Steinen,
mit Blütenschmuck, soweit das Auge reicht,
und allen Schätzen, die ihm kostbar scheinen.
Laß mich so treu, wie ich empfinde, schreiben
und glaube mir: vor keiner Mutter Kind
muß meine Liebste etwas schuldig bleiben,
auch wenn des Himmels Sterne schöner sind.
    Wenn andre sich ereifern, schweig ich still,
    da ich mein Liebstes nicht verkaufen will.

Mein Spiegel soll mir nichts von Alter reden,
solang du jung als wie die Jugend bist,
doch mischt die Zeit dein Haar mit Silberfäden,
dann setzt der Tod auch mir die Frist.
Denn sieh: die Schönheit, deines Leibes Zier,
ist der Ornat, in den mein Herz dich hüllt.
Du trägst mein Herz, das deine schlägt in mir.
Macht mich der Tausch dir nicht zum Ebenbild?
Drum hüt dich, liebstes Wesen, und gib acht;
das gleiche will ich deinetwillen tun.
Da mich dein Herz zu seinem Hüter macht,
soll es in mir wie in der Wiege ruh'n.
    Verlang es nicht zurück, wenn mein's gestorben,
    ich hab dein Herz auf alle Zeit erworben.

23

As an unperfect actor on the stage
Who with his fear is put beside his part,
Or some fierce thing replete with too much rage,
Whose strength's abundance weakens his own heart;
So I for fear of trust, forget to say
The perfect ceremony of love's rite,
And in mine own love's strength seem to decay,
O'ercharged with burthen of mine own love's might:
O let my books be then the eloquence,
And dumb presagers of my speaking breast,
Who plead for love, and look for recompense,
More than tongue that more hath more expressed.
    O learn to read what silent love hath writ,
    To hear with eyes belongs to love's fine wit.

24

Mine eye hath played the painter and hath stelled
Thy beauty's form in table of my heart,
My body is the frame wherein 'tis held,
And perspective it is best painter's art.
For through the painter must you see his skill,
To find where your true image pictured lies,
Which in my bosom's shop is hanging still,
That hath his windows glazéd with thine eyes:
Now see what good turns eyes for eyes have done,
Mine eyes have drawn thy shape, and thine for me
Are windows to my breast, where-through the sun
Delights to peep, to gaze therein on thee;
    Yet eyes this cunning want to grace their art,
    They draw but what they see, know not the heart.

23

Wie einem schlechten Spieler auf der Szene,
den Lampenfieber aus der Rolle zwingt,
wie einem Raubtier mit gesträubter Mähne,
dem aus verbiss'ner Wut kein Sprung gelingt,
So ist's aus Furcht vor Mißtrau'n mir mißlungen,
das rechte Maß für mein Gefühl zu zeigen,
und überwältigt von den tausend Zungen,
die für mich sprechen wollten, mußt' ich schweigen.
O nimm dies Buch als meinen Fürsprech an,
der das Geheimnis meiner Brust enthüllt
und besser dich um Liebe bitten kann
als meine Zunge, die im Munde quillt.
    O lies, was stumme Liebe dir vertraut,
    hör mit dem Auge, das mein Herz durchschaut.

24

Mein Auge hat als Maler mir das Bild
von deiner Schönheit tief ins Herz gemalt.
Mein Körper, der als Rahmen es umhüllt,
gibt Perspektiven ihm und festen Halt.
Doch durch den Maler lernst du tiefer schauen
und kannst dein Bild in meiner Brust erspähen.
Dort magst du deinen eignen Augen trauen,
die aus zwei Fenstern in die Weite sehen.
Nun sieh, was Augen füreinander tun:
die meinen malten dein Portrait, die deinen
sind Fenster meiner Brust, so kann mir nun
die Sonne heiter bis ins Innre scheinen.
    Doch sieht kein Menschenaug ins Herz hinein,
    denn seine Kunst malt nur den äußren Schein.

25

Let those who are in favour with their stars,
Of public honour and proud titles boast,
Whilst I whom fortune of such triumph bars
Unlooked for joy in that I honour most;
Great princes' favourites their fair leaves spread,
But as the marigold at the sun's eye,
And in themselves their pride lies buriéd,
For at a frown they in their glory die.
The painful warrior famouséd for fight,
After a thousand victories once foiled,
Is from the book of honour razéd quite,
And all the rest forgot for which he toiled:
    Then happy I that love and am beloved
    Where I may not remove nor be removed.

26

Lord of my love, to whom in vassalage
Thy merit hath my duty strongly knit;
To thee I send this written embassage
To witness duty, not to show my wit.
Duty so great, which wit so poor as mine
May make seem bare, in wanting words to show it,
But that I hope some good conceit of thine
In thy soul's thought (all naked) will bestow it:
Till whatsoever star that guides my moving,
Points on me graciously with fair aspect,
And puts apparel on my tattered loving,
To show me worthy of thy sweet respect,
    Then may I dare to boast how I do love thee,
    Till then, not show my head where thou mayst prove me.

25

Laß die, die in der Gunst der Sterne stehen,
mit Ehren, Ruhm und Titeln prahlen;
an mir mag solch ein Glück vorübergehen,
ich freue mich an stillern Idealen.
Die Günstlinge und Kurtisanen glänzen
so wie der Flitter, wenn die Sonne scheint.
Laß sie die Federn spreizen und scharwenzen,
ein Stirnerunzeln und sie sind versteint.
Der Held, den man um Schlachtenruhm beneidet,
nach tausend Siegen einmal nur geschlagen
ist morgen aller Ehren schon entkleidet
und keiner fragt nach den erlittnen Plagen.
  Ich, der ich liebe, will mich glücklich nennen.
  Von dieser Liebe kann mich niemand trennen.

26

Fürst meiner Liebe, als dein Untertan
schuld ich dir Dienst, wie's deinem Rang gebührt.
Nimm die geschriebne Botschaft gnädig an,
zu der mich Pflicht zwingt und nicht Geist verführt.
Mein Geist muß dir vor solcher Pflicht wohl schal
und arm erscheinen, wenn er Worte wählt,
doch deine Güte wird auch dieses Mal,
so hoffe ich, ersetzen, was ihm fehlt.
Solange bis der Stern, der mich geleitet,
mich freundlich führt auf eine bess're Bahn,
wo die zerlumpte Liebe, neu bekleidet,
vor deinem sanften Blick bestehen kann.
  Dann will ich meine Liebe offenbaren,
  bis dahin laß mich das Geheimnis wahren.

27

Weary with toil, I haste me to my bed,
The dear repose for limbs with travel tired,
But then begins a journey in my head
To work my mind, when body's work's expired.
For then my thoughts (from far where I abide)
Intend a zealous pilgrimage to thee,
And keep my drooping eyelids open wide,
Looking on darkness which the blind do see.
Save that my soul's imaginary sight
Presents thy shadow to my sightless view,
Which like a jewel (hung in ghastly night)
Makes black night beauteous, and her old face new.
   Lo thus by day my limbs, by night my mind,
    For thee, and for my self, no quiet find.

28

How can I then return in happy plight
That am debarred the benefit of rest?
When day's oppression is not eased by night,
But day by night and night by day oppressed.
And each (though enemies to either's reign)
Do in consent shake hands to torture me,
The one by toil, the other to complain
How far I toil, still farther off from thee.
I tell the day to please him thou art bright,
And do'st him grace when clouds do blot the heaven:
So flatter I the swart-complexioned night,
When sparkling stars twire not thou gild'st the even.
   But day doth daily draw my sorrows longer,
    And night doth nightly make grief's length seem stronger.

27

Ich sink ermattet auf das Lager hin,
Die liebe Ruhestatt für müde Glieder,
doch da beginnt's durch meinen Kopf zu ziehn,
denn mit dem Leib legt sich der Geist nicht nieder.
Es will mein Sinn so fern von dir nicht rasten
und eilt in frommer Pilgerschaft zu dir
und läßt den Blick noch wirr im Finstern tasten,
wo blinde Augen hätten besseres Gespür.
Jedoch die Sehnsucht meiner Seele malt,
wie ein Juwel in schattenblasser Nacht,
vor mein Gesicht mir deine Traumgestalt.
Da strahlt das Dunkel wie durch Zaubermacht.
    So sinkt nie Schlaf auf meine armen Lider.
    Dich sucht mein Geist, kaum ruhen meine Glieder.

28

Wie kann ich froh zurück zur Arbeit kehren,
wenn mich zuvor die Ruhe nicht erquickt,
wenn mich des Tages Müh'n auch nachts beschweren,
der Tag die Nacht, die Nacht den Tag bedrückt.
Und beide, die sich sonst als Feinde meiden,
verbünden ihre Macht, um mich zu quälen,
der Tag durch Mühsal und die Nacht durch Leiden,
denn fern von dir muß ich die Stunden zählen.
Dem Tag versuch' ich schmeichelnd zu beweisen,
daß deine Anmut ihm die Wolken lichte;
der schwarzgesicht'gen Nacht will ich dich preisen,
indem ich ihr von deinem Glanz berichte.
    Tagtäglich aber mehrt der Tag den Kummer,
    allnächtlich scheucht die Nacht von mir den Schlummer.

29

When, in disgrace with Fortune and men's eyes,
I all alone beweep my outcast state,
And trouble deaf heaven with my bootless cries,
And look upon my self and curse my fate,
Wishing me like to one more rich in hope,
Featured like him, like him with friends possessed,
Desiring this man's art and that man's scope,
With what I most enjoy contented least,
Yet in these thoughts my self almost despising,
Haply I think on thee, and then my state,
(Like to the lark at break of day arising
From sullen earth) sings hymns at heaven's gate,
 For thy sweet love remembered such wealth brings,
 That then I scorn to change my state with kings.

30

When to the sessions of sweet silent thought,
I summon up remembrance of things past,
I sigh the lack of many a thing I sought,
And with old woes new wail my dear time's waste:
Then can I drown an eye (unused to flow)
For precious friends hid in death's dateless night,
And weep afresh love's long since cancelled woe,
And moan th' expense of many a vanished sight.
Then can I grieve at grievances foregone,
And heavily from woe to woe tell o'er
The sad account of fore-bemoanéd moan,
Which I new pay as if not paid before.
 But if the while I think on thee (dear friend)
 All losses are restored, and sorrows end.

29

Wenn ich an Welt und Schicksal will verzagen,
den Tränen nicht mehr wehr' vor Einsamkeit,
den tauben Himmel stürm' durch sinnlos' Klagen
und mein Geschick verfluche und mein Leid
und hätte gern wie andre Zuversicht,
wär' schön wie jener gern und wohlgelitten,
hätt' dess' Talent und Einfluß und wär' nicht
mit meiner besten Gab' zutiefst zerstritten;
wenn ich so selbst mich fast nicht mehr ertrage,
denk' ich beglückt an dich; da steigt mein Sinn
hell singend wie die Lerch' im jungen Tage
aus finstrer Erd' zum reinen Himmel hin.
    So reich macht deine Liebe mein Gefühl,
    daß ich mit Königen nicht tauschen will.

30

Wenn vor den Rat stillsinnender Gedanken
ich die Erinnerung als Zeugen führe,
hör' ich von Dingen, die schon längst versanken,
so daß ich Schmerz in alten Narben spüre.
Dann glänzt das Aug von ungewohnten Tränen,
es weint um Freunde, die der Tod mir raubte,
um Liebesleid und ungestilltes Sehnen
und um Verlust, den ich verwunden glaubte.
Die Trauer ist es um vergangnes Leid,
die alten Gram in neuen Farben malt
und manche Schuld aus der Vergangenheit
als wär' sie ungetilgt, noch einmal zahlt.
    Doch denk ich dann, geliebter Freund, an dich,
    bin ich versöhnt, und Trost besänftigt mich.

31

Thy bosom is endearéd with all hearts,
Which I by lacking have supposéd dead,
And there reigns love and all love's loving parts,
And all those friends which I thought buriéd.
How many a holy and obsequious tear
Hath dear religious love stol'n from mine eye,
As interest of the dead, which now appear,
But things removed that hidden in thee lie!
Thou art the grave where buried love doth live,
Hung with the trophies of my lovers gone,
Who all their parts of me to thee did give,
That due of many, now is thine alone.
    Their images I loved, I view in thee,
    And thou (all they) hast all the all of me.

32

If thou survive my well-contented day,
When that churl death my bones with dust shall cover
And shalt by fortune once more re-survey
These poor rude lines of thy deceaséd lover:
Compare them with the bett'ring of the time,
And though they be outstripped by every pen,
Reserve them for my love, not for their rhyme,
Exceeded by the height of happier men.
O then vouchsafe me but this loving thought,
'Had my friend's Muse grown with this growing age,
A dearer birth than this his love had brought
To march in ranks of better equipage:
    But since he died and poets better prove,
    Theirs for their style I'll read, his for his love'.

31

In deiner Brust, da lebt so manches Herz,
das ich vermißte und gestorben wähnte,
denn in dir herrscht, wie nirgend anderwärts
die Liebe, die vergeblich ich ersehnte.
Wie viele Tränen mußten die Pupillen
aus heilig keuscher Liebesquelle weinen
um der in dir begrabnen Toten willen,
die nun durch dich lebendig mir erscheinen.
Du bist das Grab der auferstandnen Lieben,
geschmückt mit der Erinnerung Trophäen,
die dir von meinen Liebsten hinterblieben,
auf daß sie nun in dir allein bestehen.
    Was je ich liebte, seh ich nun in dir,
    und du vereinst, was Gutes war an mir.

32

Gesetzt, du solltest noch auf Erden weilen,
wenn mich des Todes Faust zu Staub zerrieben,
und überflögst noch einmal diese Zeilen,
die einer, der dir gut war, einst geschrieben,
dann magst du sie mit anderen vergleichen
aus bessern Federn und aus frohern Zeiten,
bewahr sie dennoch als ein Liebeszeichen,
wenn um den Lorbeer Glücklichere streiten.
In Liebe sollst du so dann an mich denken:
ach, hätt' das Alter ihm vergönnt zu reifen,
gewiß wollt' er mir schönre Früchte schenken
und mich mit reichern Gaben überhäufen.
    Er starb und konnt' sein Werk nicht mehr erfüllen.
    Das les' ich nun um seiner Liebe willen.

33

Full many a glorious morning have I seen,
Flatter the mountain tops with sovereign eye,
Kissing with golden face the meadows green;
Gilding pale streams with heavenly alchemy:
Anon permit the basest clouds to ride,
With ugly rack on his celestial face,
And from the forlorn world his visage hide
Stealing unseen to west with this disgrace:
Even so my sun one early morn did shine,
With all triumphant splendour on my brow,
But out alack, he was but one hour mine,
The region cloud hath masked him from me now.
    Yet him for this my love no whit disdaineth,
    Suns of the world may stain, when heaven's sun staineth.

34

Why didst thou promise such a beauteous day,
And make me travel forth without my cloak,
To let base clouds o'ertake me in my way,
Hiding thy brav'ry in their rotten smoke?
'Tis not enough that through the cloud thou break,
To dry the rain on my storm-beaten face,
For no man well of such a salve can speak,
That heals the wound, and cures not the disgrace:
Nor can thy shame give physic to my grief,
Though thou repent, yet I have still the loss,
Th' offender's sorrow lends but weak relief
To him that bears the strong offence's cross.
    Ah but those tears are pearl which thy love sheds,
    And they are rich, and ransom all ill deeds.

33

Wie viele Morgen durft' ich schon erblicken,
die hellen Blicks die Bergesgipfel grüßen,
das grüne Tal durch ihren Kuß entzücken,
den bleichen Strom mit Goldglanz übergießen.
Doch ließen sie ihr himmlisches Gesicht
von schwarzen Wolken allzubald verhängen,
die der verlassnen Welt mißgönnen jedes Licht,
um sich ungnädig westwärts fortzudrängen.
So schien auch eines Morgens deine Sonne
auf meine Stirn in überströmtem Glanz.
Nun ist sie wieder bleich. Kurz war die Wonne.
Nun decken mich die Wolken wieder ganz.
    Und doch ist meine Liebe gleichgeblieben.
    Trübt sich das Licht, mag auch mein Herz sich trüben.

34

Du hast solch einen schönen Tag versprochen,
war es, damit ich ohne Mantel ging?
Nun sind die Wolken auf mich eingebrochen,
daß all dein Glanz in ihrem Rauch verging.
Das wird nicht gut, wenn du die Nacht zerreißt
und mir den Regen von den Wimpern küßt;
denn keiner ist, der das als Heilung preist,
was Wunden pflegt, jedoch die Schmach vergißt.
Auch deine Scham kann meinen Schmerz nicht lindern,
auch wenn's dir leid tut, hab ich noch den Schaden.
Die Sorgen des Beleidigers vermindern
die Kümmernis nicht dem, der so beladen.
    Doch reiche Perlen sind die Liebestränen,
    sie können jede böse Tat versöhnen.

35

No more be grieved at that which thou hast done,
Roses have thorns, and silver fountains mud,
Clouds and eclipses stain both moon and sun,
And loathsome canker lives in sweetest bud.
All men make faults, and even I in this,
Authorizing thy trespass with compare,
Myself corrupting salving thy amiss,
Excusing thy sins more than thy sins are:
For to thy sensual fault I bring in sense,
Thy adverse party is thy advocate,
And 'gainst myself a lawful plea commence:
Such civil war is in my love and hate,
 That I an accessory needs must be,
 To that sweet thief which sourly robs from me.

36

Let me confess that we two must be twain,
Although our undivided loves are one:
So shall those blots that do with me remain,
Without thy help, by me be borne alone.
In our two loves there is but one respect,
Though in our lives a separable spite,
Which though it alter not love's sole effect,
Yet doth it steal sweet hours from love's delight.
I may not evermore acknowledge thee,
Lest my bewailéd guilt should do thee shame,
Nor thou with public kindness honour me,
Unless thou take that honour from thy name:
 But do not so, I love thee in such sort,
 As thou being mine, mine is thy good report.

35

Sei nicht betrübt um das, was du begangen,
Rosen sind stachlig, Brunnen sind verschlammt,
die Sonne wird von Wolken oft verhangen,
die schönsten Knospen sind zum Tod verdammt.
Wer lebt, der irrt, und so ergeht's auch mir,
da ich Vergleiche such' für dein Vergehen,
mir Unrecht tu und Nachsicht üb' mit dir,
doch ich kann mehr verzeihn als du begehen.
Erlaub, daß für den Fehltritt deiner Sinne,
als Gegner und als Anwalt deiner Sache,
ich gegen mich ein Plädoyer beginne
und zwischen Haß und Liebe Krieg entfache.
    Ich selbst helf' dir den Raub verhehlen,
    so kannst du, süßer Dieb, mich frech bestehlen.

36

Zwei Wesen sind wir, laß mich's offen sagen,
wenn unsre Liebe auch ein Ganzes ist.
Ich muß allein all meine Makel tragen,
weil du von ihnen nicht betroffen bist.
Zwar fühlen unsre Seelen sich verbunden,
doch unser beider Leben sind getrennt;
das mindert nicht die Liebe, doch den Stunden
der süßen Lust macht's oft zu früh ein End'.
Mag sein, ich täte gut dran, dich zu meiden,
daß du dich meiner Schuld nicht schämen mußt.
Dein Name kann durch mich nur Schaden leiden,
und was mir Ehre bringt, bringt dir Verlust.
    Drum halt dich fern. Ich liebe dich so sehr,
    und bist du mein, fürcht' ich um deine Ehr'.

37

As a decrepit father takes delight
To see his active child do deeds of youth,
So I, made lame by Fortune's dearest spite,
Take all my comfort of thy worth and truth.
For whether beauty, birth, or wealth, or wit,
Or any of these all, or all, or more,
Entitled in thy parts, do crownèd sit,
I make my love engrafted to this store:
So then I am not lame, poor, nor despised,
Whilst that this shadow doth such substance give,
That I in thy abundance am sufficed,
And by a part of all thy glory live:
    Look what is best, that best I wish in thee,
    This wish I have, then ten times happy me.

38

How can my muse want subject to invent
While thou dost breathe that pour'st into my verse,
Thine own sweet argument, too excellent,
For every vulgar paper to rehearse?
O give thy self the thanks if aught in me,
Worthy perusal stand against thy sight,
For who's so dumb that cannot write to thee,
When thou thy self dost give invention light?
Be thou the tenth Muse, ten times more in worth
Than those old nine which rhymers invocate,
And he that calls on thee, let him bring forth
Eternal numbers to outlive long date.
    If my slight muse do please these curious days,
    The pain be mine, but thine shall be the praise.

Den Vater freut in seinen alten Tagen
die Jugendtat, die seinem Sohn gelingt.
Mich hat des Schicksals Bosheit so geschlagen,
daß nur dein Wert mir Trost und Stärkung bringt.
Ob Schönheit, Adel, Reichtum oder Geist,
ob alle oder eine nur von ihnen
als deine höchste Tugend sich erweist,
in dir verbunden, werd' ich allen dienen.
Dann werd' ich weder arm noch elend sein,
weil ich aus deinem Schatten Kraft beziehe,
weil ich noch leuchte als dein Widerschein
und als ein Teil von deinem Glanze blühe.
    Schau rings umher, was du als Bestes findest,
    das wünsch' ich dir, da du mein Glück begründest.

Wie könnte meine Muse je begehren
nach einem neuen Quell, solang dein Hauch
in meine Verse strömt; doch deine Lehren
sind viel zu wertvoll für gemeinen Brauch.
O danke nur dir selbst, wenn es dir scheint,
daß du den Sinn aus meinen Zeilen spürst.
Wer wäre denn so hohl, daß er nicht meint,
er könne schreiben, wenn du ihm soufflierst.
Sei du die zehnte Muse und dein Wert
wär' zehnmal größer als der Wert der neun.
Beschenke den, der deine Gunst begehrt,
mit Liedern, die noch lang die Welt erfreun.
    Und sollt' mir je etwas gelungen sein,
    war mein die Plage, doch das Lob sei dein.

39

O how thy worth with manners may I sing,
When thou art all the better part of me?
What can mine own praise to mine own self bring;
And what is't but mine own when I praise thee?
Even for this let us divided live,
And our dear love lose name of single one,
That by this separation I may give:
That due to thee which thou deserv'st alone:
O absence what a torment wouldst thou prove,
Were it not thy sour leisure gave sweet leave,
To entertain the time with thoughts of love,
Which time and thoughts so sweetly doth deceive.
  And that thou teachest how to make one twain,
  By praising him here who doth hence remain!

40

Take all my loves, my love, yea, take them all,
What hast thou then more than thou hadst before?
No love, my love, that thou mayst true love call,
All mine was thine, before thou hadst this more:
Then if for my love, thou my love receivest,
I cannot blame thee, for my love thou usest,
But yet be blamed, if thou this self deveivest
By wilful taste of what thy self refusest.
I do forgive thy robb'ry gentle thief
Although thou steal thee all my poverty:
And yet love knows it is a greater grief
To bear love's wrong, than hate's known injury.
  Lascivious grace, in whom all ill well shows,
  Kill me with spites yet we must not be foes.

39

Wie kann ich deinen Wert so recht besingen,
wenn er als bess'rer Teil von mir erscheint?
Was kann mir Eigenlob für Nutzen bringen?
Wenn ich dich preise, bin ich selbst gemeint.
Aus diesem Grund ist's besser, wenn wir scheiden
und die verflochtnen Seelen sich entzwein.
Wenn wir das Band, das uns verknüpft, zerschneiden,
geb' ich zurück, was dir gebührt allein.
O Trennung, welche Qualen müßt' ich fühlen,
würd'st du mir nicht die Mußestunden schenken,
von Lieb' zu träumen in Gedankenspielen,
um Zeit und Sehnsucht freundlich abzulenken.
     So lehrst du mich, wie man ein Wesen teilt:
     du lobst hier den, der in der Ferne weilt.

40

Nimm, Liebster, alles Lieben, das ich habe,
und sieh es an, ob's dir nicht längst gehört.
Nicht reicher wirst du, Liebster, durch die Gabe,
ich gab dir alles, hab' dir nichts verwehrt.
Wenn du als Liebe mein Gefühl läßt gelten,
verweigr' ich's nicht, wenn seiner du bedarfst;
doch wenn du selbst dich trügst, muß ich dich schelten,
daß du begehrst, was du zuvor verwarfst.
Verziehen sei dir, dem geliebten Diebe,
auch wenn du alles nahmst, was ich besaß.
Und doch, wer liebt, der weiß, daß falsche Liebe
mehr Leid verursacht als der schlimmste Haß.
     Drum, wenn dein Reiz sich mit Betrug vereint,
     werd' ich dein Opfer sein, doch nie dein Feind.

Those pretty wrongs that liberty commits,
When I am sometime absent from thy heart,
Thy beauty, and thy years full well befits,
For still temptation follows where thou art.
Gentle thou art, and therefore to be won;
Beauteous thou art, therefore to be assailed;
And when a woman woos, what woman's son,
Will sourly leave her till he have prevailed?
Ay me, but yet thou mightst my seat forbear,
And chide thy beauty, and thy straying youth,
Who lead thee in their riot even there
Where thou art forced to break a twofold truth:
    Hers by thy beauty tempting her to thee,
    Thine by thy beauty being false to me.

That thou hast her it is not all my grief,
And yet it may be said I loved her dearly,
That she hath thee is of my wailing chief,
A loss in love that touches me more nearly.
Loving offenders thus I will excuse ye,
Thou dost love her, because thou know'st I love her,
And for my sake even so doth she abuse me,
Suff'ring my friend for my sake to approve her.
If I lose thee, my loss is my love's gain,
And losing her, my friend hath found that loss,
Both find each other, and I lose both twain,
And both for my sake lay on me this cross,
    But here's the joy, my friend and I are one.
    Sweet flattery, then she loves but me alone.

41

Die hübschen Sünden, die der Leichtsinn macht,
wenn mich dein Herz gelegentlich vergißt,
hat dir der Reiz der Jugend eingebracht,
da dir Versuchung folgt, wo du auch bist.
Sanft bist du, darum läßt du dich gewinnen;
schön bist du, und um Schönheit kämpft man eben.
Wer könnt' der Lockung einer Frau entrinnen?
Als eines Weibes Sohn muß man sich ihr ergeben.
Weh mir, am Ende wirst mein Haus du meiden
und deine junge Schönheit schuldig sprechen,
die dich zur Lust verführte und zum Leiden,
da sie dich zwang, zweifachen Eid zu brechen.
    Den ihren, weil dein Reiz Versuchung ist,
    den deinen, weil du Falscher mich vergißt.

42

Daß sie nun dir gehört, ist's nicht allein,
auch wenn ich sagen muß, ich lieb' sie sehr;
doch daß du ihr gehörst, macht meine Pein
und den Verlust an Liebe größer als bisher.
Daß ihr einander liebt und mich verwundet,
deut' ich mir so: du liebst sie, weil du weißt,
sie ist mir teuer, und sie hat bekundet,
daß sie als meinem Freund dir Gnad' erweist.
Was ich verlor, die Liebste hat's gefunden,
und mein Verlust ist meines Freunds Gewinn.
Ihr habt mich beide an das Kreuz gebunden
und teilt die Beute, da ich wehrlos bin.
    Doch bin ich nicht von meinem Freund zu trennen,
    und sie muß uns in einem Atem nennen.

43

When most I wink then do mine eyes best see,
For all the day they view things unrespected,
But when I sleep, in dreams they look on thee,
And darkly bright, are bright in dark directed.
Then thou whose shadow shadows doth make bright,
How would thy shadow's form, form happy show,
To the clear day with thy much clearer light,
When to unseeing eyes thy shade shines so!
How would (I say) mine eyes be blesséd made,
By looking on thee in the living day,
When in dead night thy fair imperfect shade,
Through heavy sleep on sightless eyes doth stay!
    All days are nights to see till I see thee,
    And nights bright days when dreams do show thee me.

44

If the dull substance of my flesh were thought,
Injurious distance should not stop my way,
For then despite of space I would be brought,
From limits far remote, where thou dost stay,
No matter then although my foot did stand
Upon the farthest earth removed from thee,
For nimble thought can jump both sea and land,
As soon as think the place where he would be.
But ah, thought kills me that I am not thought
To leap large lengths of miles when thou art gone,
But that so much of earth and water wrought,
I must attend, time's leisure with my moan,
    Receiving nought by elements so slow,
    But heavy tears, badges of either's woe.

43

Schließ' ich die Augen, fang' ich an zu sehen.
Den Tag lang schau' ich, ohne zu begreifen,
im Schlaf kannst du durch meine Träume gehen
wie Licht im Dunkel: ohne mich zu streifen.
Wie sollte, wenn dein Bild geschlossne Augen
so wundersam durchleuchtet, dieses Licht
im hellen Sonnenschein des Tages taugen,
wenn schon dein Schatten sich so widerspricht.
Wie wär' mein Blick vom Glanze überfüllt,
säh' ich dich vor mir am lebend'gen Tag,
wenn schon in toter Nacht dein Schattenbild
wie helles Gold auf blinden Augen lag.
    Denn ohne dich wird mir der Tag zur Nacht,
    und Nacht wird Tag, hat dich der Traum gebracht.

44

Wär' ich von solchem Stoff wie die Gedanken,
der ungerechte Raum wär' mir kein Halt.
Ich überwänd' im Fluge alle Schranken
und wo du immer sein magst, wär' ich bald.
Kein Fleck der Erde wär' zu fern von dir,
Dem leichten Denken ist ja Land und Meer
gleich untertan, daß, kaum der Wunsch in mir
erwacht, ich schon in deinen Armen wär'.
Oh, hätt' mich irgendeiner einst gedacht,
wie könnt' ich, wenn du mich verläßt, dich suchen!
Doch Erd' und Wasser haben solche Macht,
daß ich die Zeit ertrag' mit Klag' und Fluchen
    und nichts vom zähen Element erlange,
    wozu ich nicht durch meinen Schmerz gelange.

The other two, slight air and purging fire,
Are both with thee, wherever I abide;
The first my thought, the other my desire,
These present-absent with swift motion slide.
For when these quicker elements are gone
In tender embassy of love to thee,
My life being made of four, with two alone,
Sinks down to death, oppressed with melancholy.
Until life's composition be recured,
By those swift messengers returned from thee,
Who even but now come back again assured,
Of thy fair health, recounting it to me.
　　This told, I joy, but then no longer glad,
　　I send them back again and straight grow sad.

Mine eye and heart are at a mortal war,
How to divide the conquest of thy sight,
Mine eye, my heart thy picture's sight would bar,
My heart, mine eye the freedom of that right,
My heart doth plead that thou in him dost lie,
(A closet never pierced with crystal eyes)
But the defendant doth that plea deny,
and says in him thy fair appearance lies.
To side this title is empanellèd
A quest of thoughts, all tenants to the heart,
And by their verdict is determinèd
The clear eye's moiety, and the dear heart's part,
　　As thus, mine eye's due is thy outward part,
　　And my heart's right, thy inward love of heart.

Wo immer ich auch weile, jene beiden,
die Luft, das Feuer, sind dir immer nah.
Leicht sind Gedanken, heiß der Sehnsucht Leiden,
sie finden einmal hier dich, einmal da.
Wenn diese Elemente rasch enteilen
als Liebesboten auf der Spur nach dir,
muß ich die Zeit mit den zwei andern teilen:
mit Tod und Schwermut als dem Rest der vier.
Mir wird der Lebensmut nicht wiederkehren,
eh' Luft und Feuer mir nicht Nachricht bringen
und über dein Befinden mich belehren,
ob es dir wohlergeht in allen Dingen.
    Beglückt empfang ich sie und send sie wieder,
    doch sind sie fort, sink ich in Schwermut nieder.

Mein Herz und Aug im Kampf auf Tod und Leben,
woll'n sich die Beute deines Anblicks teilen.
Mein Aug will keinem hierin Vorrang geben,
und auch mein Herz will stets bei dir verweilen.
Mein Herz behauptet, daß es dich umhüllt,
als Schrein, den kein kristallner Blick durchdringt;
doch der verteidigt sich und sagt, dein Bild
sei die Erscheinung, die ins Auge springt.
Der Streit kommt vors Gedankentribunal,
das nur allein des Herzens Rat vernimmt.
Und so ergeht der Spruch in diesem Fall,
der jedem seinen Teil an dir bestimmt.
    Er lautet, daß dem Aug das Äuß're bliebe,
    dem Herzen aber deines Herzens Liebe.

Betwixt mine eye and heart a league is took,
And each doth good turns now unto the other,
When that mine eye is famished for a look,
Or heart in love with sighs himself doth smother;
With my love's picture then my eye doth feast,
And to the painted banquet bids my heart:
Another time mine eye is my heart's guest,
And in his thoughts of love doth share a part.
So either by thy picture or my love,
Thy self away, art present still with me,
For thou no farther than my thoughts canst move,
And I am still with them, and they with thee.
    Or if they sleep, thy picture in my sight
    Awakes my heart, to heart's and eye's delight.

How careful was I when I took my way,
Each trifle under truest bars to thrust,
That to my use it might unuséd stay
From hands of falsehood, in sure wards of trust!
But thou, to whom my jewels trifles are,
Most worthy comfort, now my greatest grief,
Thou best of dearest, and mine only care
Art left the prey of every vulgar thief.
Thee have I not locked up in any chest,
Save where thou art not, though I feel thou art,
Within the gentle closure of my breast,
From whence at pleasure thou mayst come and part,
    And even thence thou wilt be stol'n I fear,
    For truth proves thievish for a prize so dear.

Mein Aug kam mit dem Herzen überein,
daß eins dem anderen gefällig sei.
Wenn nun mein Aug sich sehnt, bei dir zu sein,
mein Herz erstickt in Liebesschwärmerei,
dann lädt mein Auge wohl das Herz zu Gast
und bittet zum gemalten Augenschmaus;
das andre Mal ist es das Herz, das praßt,
es teilt dem Aug von seinen Schätzen aus.
So bist du, sei's als Bild, sei's als Gefühl,
auch wenn du ferne weilst, doch nah bei mir;
denn die Gedanken finden stets ihr Ziel:
wohin du immer fliehst, sie folgen dir.
    Und schlafen sie, so weckt mich doch dein Bild,
    das Herz und Augen mir mit Freude füllt.

Behutsam hab ich meinen Weg genommen
und jedes kleinste Schloß im Haus verriegelt,
daß daran keine fremden Hände kommen,
hab ich mein Eigentum für mich versiegelt.
Doch du, vor dem die Schätze nichts bedeuten,
einstmals mein Trost und jetzt mein Sorgenbringer,
du, Teuerster, du Quelle meiner Freuden,
bist ungeschützt für freche Diebesfinger.
Dich sperrt' ich nicht in eine Truhe ein,
nur, wo du nicht bist, wenn ich dich auch spüre:
in meiner Brust und meines Herzens Schrein,
dort kommst und gehst du durch die offne Türe.
    Drum fürcht' ich, daß dich einer mir entreißt,
    und Treu' bei solchem Preis sich falsch erweist.

49

Against that time (if ever that time come)
When I shall see thee frown on my defects,
Whenas thy love hath cast his utmost sum,
Called to that audit by advised respects,
Against that time when thou shalt strangely pass
And scarcely greet me with that sun thine eye,
When love converted from the thing it was
Shall reasons find of settled gravity;
Against that time do I ensconce me here
Within the knowledge of mine own desert,
And this my hand against my self uprear
To guard the lawful reasons on thy part,
    To leave poor me, thou hast the strength of laws,
    Since why to love, I can allege no cause.

50

How heavy do I journey on the way,
When what I seek (my weary travel's end)
Doth teach that ease and that repose to say
'Thus far the miles are measured from thy friend.'
The beast that bears me, tiréd with my woe,
Plods dully on, to bear that weight in me,
As if by some instinct the wretch did know
His rider loved not speed being made from thee:
The bloody spur cannot provoke him on,
That sometimes anger thrusts into his hide,
Which heavily he answers with a groan,
More sharp to me than spurring to his side,
    For that same groan doth put this in my mind,
    My grief lies onward and my joy behind.

Vor jener Zeit, käm' jemals sie heran,
da zürnend du auf meine Fehler blickst,
wenn deine Lieb' ihr Höchstgebot getan
und du in ihre Rechnung Zahlen fügst;
vor jener Zeit, da du dich fremd entfernst,
und kaum die Sonne deines Augs mich grüßt,
wenn Lieb' sich wandelt in gemess'nen Ernst,
und alles, was sie war, zu nichts zerfließt;
vor jener Zeit bewahre ich mich hier,
im sichern Wissen um den eignen Wert,
und heb' die Hand zum Himmel über mir
und schütz' dein Recht, das gegen mich sich kehrt.
    Zum Treuebruch steht das Gesetz dir bei,
    jedoch die Liebe wählt und urteilt frei.

Ach, wie beschwerlich wird mir diese Reise,
denn meines mühevollen Weges End'
lehrt jede Rast den Spruch derselben Weise:
So weit bist du von deinem Freund getrennt.
Das Pferd, das ich mit meinem Gram belaste,
stapft träg dahin, bedrückt von meiner Bürde,
als ob die Kreatur mit dem Instinkt erfaßte,
wie gern ihr Herr den Schritt verzögern würde.
Und selbst der Stachel treibt sie nicht voran,
der ihr die Flanken blutig schürft im Zorn.
Ein Stöhnen gibt mir Antwort dann und wann
und schmerzt mich tiefer als das Tier der Sporn.
    Weil dieses Stöhnen meiner Seele kündet:
    Das Leid kommt näher, und das Glück entschwindet.

51

Thus can my love excuse the slow offence,
Of my dull bearer when from thee I speed,
From where thou art why should I haste me thence?
Till I return of posting is no need.
O what excuse will my poor beast then find,
When swift extremity can seem but slow?
Then should I spur though mounted on the wind;
In wingéd speed no motion shall I know,
Then can no horse with my desire keep pace,
Therefore desire (of perfect'st love being made)
Shall neigh (no dull flesh) in his fiery race,
But love, for love, thus shall excuse my jade,
    Since from thee going, he went wilful-slow,
    Towards thee I'll run, and give him leave to go.

52

So am I as the rich whose blesséd key,
Can bring him to his sweet up-lockéd treasure,
The which he will not ev'ry hour survey,
For blunting the fine point of seldom pleasure.
Therefore are feasts so solemn and so rare
Since seldom coming in the long year set
Like stones of worth they thinly placed are,
Or captain jewels in the carcanet.
So is the time that keeps you as my chest,
Or as the wardrobe which the robe doth hide,
To make some special instant special-blest
By new unfolding his imprisoned pride.
    Blesséd are you whose worthiness gives scope,
    Being had to triumph, being lacked to hope.

51

So kann es meine Liebe leicht vergeben,
daß mich mein Pferd nur langsam von dir trägt:
Warum sollt ich von dir zu andern streben?
Erst bei der Rückkehr treib' ich unentwegt.
O welche Ausflucht wird der Klepper finden,
wenn sein Galopp mir noch zu langsam wär'?
Die Sporen braucht' ich, flög' ich auch auf Winden,
und Flügel schienen mir zu träg und schwer.
Kein Gaul hielt' dann mit meiner Sehnsucht Schritt,
die Sehnsucht jagt – da sie der Lieb' entsproß –
und wiehert laut in wildem Feuerritt,
und meine Liebe spräche also für mein Roß:
    Es hat beim Abschied seinen Schritt gezügelt,
    nun kehr ich wieder, und es läuft beflügelt.

52

Ich bin wie jener Reiche, dessen Schätze
durch eines Schlüssels Drehung offen ständen
und der doch zögert, daß er sich ergötze,
weil dann die Reize seltner Lust entschwänden.
Darum sind Feste voll Solennität,
weil sie nicht oft in Jahres Ablauf fallen.
Sie sind wie edle Steine dünn gesät,
wie Kronjuwelen neben den Kristallen.
So birgt die Zeit dich vor mir wie ein Schrein,
ein Schrank, der sich um eine Robe schließt,
nur um dem Augenblick Gewicht zu leihn,
da sein gefangner Stolz erschlossen ist.
    So lieb' ich dich: mein Innres steht dir offen,
    im Sieg zum Jubel, im Verlust zum Hoffen.

53

What is your substance, whereof are you made,
That millions of strange shadows on you tend?
Since every one, hath every one, one shade,
And you but one, can every shadow lend:
Describe Adonis, and the counterfeit,
Is poorly imitated after you,
On Helen's cheek all art of beauty set,
And you in Grecian tires are painted new:
Speak of the spring, and foison of the year:
The one doth shadow of your beauty show,
The other as your bounty doth appear,
And you in every blessèd shape we know.
    In all external grace you have some part,
      But you like none, none you for constant heart.

54

O how much more doth beauty beauteous seem,
By that sweet ornament which truth doth give!
The rose looks fair, but fairer we it deem
For that sweet odour, which doth in it live:
The canker blooms have full as deep a dye,
As the perfumèd tincture of the roses,
Hang on such thorns, and play as wantonly,
When summer's breath their maskèd buds discloses:
But for their virtue only is their show,
They live unwooed, and unrespected fade,
Die to themselves. Sweet roses do not so,
Of their sweet deaths are sweetest odours made:
    And so of you, beauteous and lovely youth,
      When that shall vade, by verse distils your truth.

53

Was ist das für ein Stoff, aus dem du bist,
daß viele tausend Schatten dich umreihen?
Wenn jedem einer nur gegeben ist,
kannst du vom Überfluß noch andern leihen.
Willst du Adonis' Antlitz porträtieren,
so mußt du es nach deinem Bildnis machen.
Könnt' Helena mit deinem Reiz sich zieren,
würd'st du als Frau in Troja neu erwachen.
Sieh an den Frühling und den Herbst des Jahres:
der ist ein Schatten nur von deinem Licht,
und jener ein Geschenk, ein wunderbares,
das schwärmerisch von deiner Schönheit spricht.
    So hast du teil an allem, was gefällt,
    nur an der Liebe nicht, dem Herz der Welt.

54

Um wieviel mehr erscheint uns Schönheit schön,
wenn sich die Wahrheit zart mit ihr vermählte.
So sehr gefiele uns die Rose niemals, wenn
ihr Duft nicht ihren Blütenkelch beseelte.
Solch bunte Farben tragen doch noch viele
wie Schleh'n und Rotdorn, nicht nur sie allein,
noch viele haben Dornen, und zum Spiele
sind sie genau so lieb dem Sonnenschein.
Doch ihre Schönheit, die ist ohne Sinn.
Sie leben ungeliebt und sterben unbetrauert.
Ihr Tod berührt nur sie. Doch welken Rosen hin,
fängt man den Duft, damit er überdauert.
    So mag, mein Freund, dein Liebreiz einst verwesen,
    dein wahres Ich bleibt im Gedicht zu lesen.

55

Not marble, nor the gilded monuments
Of princes shall outlive this powerful rhyme,
But you shall shine more bright in these contents
Than unswept stone, besmeared with sluttish time.
When wasteful war shall statues overturn,
And broils root out the work of masonry,
Nor Mars his sword, nor war's quick fire shall burn:
The living record of your memory.
'Gainst death, and all-oblivious enmity
Shall you pace forth, your praise shall still find room,
Even in the eyes of all posterity
That wear this world out to the ending doom.
    So, till the judgement that your self arise,
    You live in this, and dwell in lovers' eyes.

56

Sweet love renew thy force, be it not said
Thy edge should blunter be than appetite,
Which but today by feeding is allayed,
To-morrow sharpened in his former might.
So love be thou, although to-day thou fill
Thy hungry eyes, even till they wink with fullness,
To-morrow see again, and do not kill
The spirit of love, with a perpetual dullness:
Let this sad interim like the ocean be
Which parts the shore, where two contracted new,
Come daily to the banks, that when they see:
Return of love, more blest may be the view.
    Or call it winter, which being full of care,
    Makes summer's welcome, thrice more wished, more rare.

55

Kein Marmor und kein Monument aus Gold
soll diese starken Reime überdauern.
In diesen Versen strahlst du jung und hold,
nicht wie von wüster Zeit verschmierte Mauern.
Wird wilder Streit die Statuen niederrennen
und Fundamente aus dem Boden heben,
soll doch des Krieges Fackel nie verbrennen
den ewigen Bericht von deinem Leben.
Und gegen Tod und feindliches Vergessen
wirst du bestehn. Dein Ruhm wird in den Tagen
nach uns von deinen Erben noch gemessen,
die diese Welt dem End' entgegentragen.
    So wirst du hier und in den Herzen leben,
    bis zum Gericht die Toten sich erheben.

56

Erneue, süße Liebe, deine Kraft,
daß du nicht stumpfer scheinst als das Begehren,
das heut durch Übersättigung erschlafft,
um morgen, neu erwacht, sich zu verzehren.
So sollst du sein: Wenngleich du heut die Augen
mit Nahrung füllst, bis daß sie übergehen,
soll'n sie doch morgen neu zur Freude taugen
und nicht matt glotzend auf die Liebe sehen.
Nenn diese trübe Zwischenzeit ein Meer,
das Liebende auf fernen Küsten trennt;
sie geh'n am Ufer täglich hin und her,
und naht das Glück, hat aller Gram ein End.
    Denk: Nun ist Winter, mag's vom Himmel schnei'n,
    der Sommer wird desto willkommner sein.

57

Being your slave what should I do but tend,
Upon the hours, and times of your desire?
I have no precious time at all to spend;
Nor services to do till you require.
Nor dare I chide the world-without-end hour,
Whilst I (my sovereign) watch the clock for you,
Nor think the betterness of absence sour,
When you have bid your servant once adieu.
Nor dare I question with my jealous thought,
Where you may be, or your affairs suppose,
But like a sad slave stay and think of nought
Save where you are, how happy you make those.
    So true a fool is love, that in your will,
    (Though you do any thing) he thinks no ill.

58

That god forbid, that made me first your slave,
I should in thought control your times of pleasure,
Or at your hand th' account of hours to crave,
Being your vassal bound to stay your leisure.
O let me suffer (being at your beck)
Th' imprisoned absence of your liberty,
And patience tame to sufferance bide each check,
Without accusing you of injury.
Be where you list, your charter is so strong,
That you your self may privilege your time
To what you will, to you it doth belong,
Your self to pardon of self-doing crime.
    I am to wait, though waiting so be hell,
    Not blame your pleasure be it ill or well.

57

Was soll ich tun, da ich dein Sklave bin,
als auf die Stunden deiner Sehnsucht bangen?
Für mich geht jede Stunde sinnlos hin.
Ich tue nichts und wart' auf dein Verlangen.
Endlose Stunden wag' ich nicht zu zeihen,
wenn ich für dich, mein Herr, Minuten zähl'.
Dem bittren Abschied muß ich selbst verzeihen:
dein Lebewohl ist deinem Knecht Befehl.
Auch wag' ich niemals eifersücht'ges Schwanken;
wo du nun bist, was du wohl treiben magst.
Ich sitz' und wart' in traurigen Gedanken,
bei wem du bist, wie froh du jenen machst.
 Denn meine Liebe ist dein treuer Knecht:
 ein Narr! Was du auch tust, sie denkt nie schlecht.

58

Der Gott, der mich erschuf zu deinem Knecht,
verhüte, daß ich deine Freuden zähle
und jemals poche auf ein Stundenrecht;
als dein Vasall erwart' ich nur Befehle.
O laß mich eingekerkert um dich leiden,
wenn anderswo du suchst dich zu ergötzen,
laß demutsvoll und klaglos mich bescheiden,
wenn Zaum und Zügel meinen Stolz verletzen.
Geh, wo du willst, dein Vorrecht macht dich frei,
du bist nur dir und keinem sonst verpflichtet;
verbring die Zeit, wo es auch immer sei,
du bist es, der dich losspricht oder richtet.
 Mir ziemt zu warten, hier an dieser Stelle
 und nicht zu klagen, wär' es auch die Hölle.

If there be nothing new, but that which is,
Hath been before, how are our brains beguiled,
Which labouring for invention bear amiss
The second burthen of a former child!
O that record could with a backward look,
Even of five hundred courses of the sun,
Show me your image in some antique book,
Since mind at first in character was done.
That I might see what the old world could say,
To this composéd wonder of your frame,
Whether we are mended, or whether better they,
Or whether revolution be the same.
  O sure I am the wits of former days,
   To subjects worse have given admiring praise.

Like as the waves make towards the pebbled shore,
So do our minutes hasten to their end,
Each changing place with that which goes before,
In sequent toil all forwards do contend.
Nativity once in the main of light,
Crawls to maturity, wherewith being crowned,
Crookéd eclipses 'gainst his glory fight,
And Time that gave, doth now his gift confound.
Time doth transfix the flourish set on youth,
And delves the parallels in beauty's brow,
Feeds on the rarities of nature's truth,
And nothing stands but for his scythe to mow.
  And yet to times in hope, my verse shall stand,
   Praising thy worth, despite his cruel hand.

Wenn es nichts Neues gäb' auf dieser Erde,
wär' alle Mühe unsres Hirns verloren,
Erfindung wär' vergebliche Beschwerde,
dasselbe Kind würd' immer neu geboren.
Dann könnte die Erinn'rung rückwärts blicken,
fünfhundert Jahre nach dem Sonnenkreis,
und mich dein Bild in einem Buch beglücken,
seit Geist zum Buchstab wurde, schwarz auf weiß.
Ich sähe dann, was jene alte Welt
zum Wunderwerke deines Körpers schrieb,
was man für besser oder schlechter hält,
ob die Erscheinung unverändert blieb.
    Doch ich weiß es gewiß: die früh're Zeit
    beneidet uns um deine Herrlichkeit.

So wie die Wellen ins Geröll der Küste
so hasten unsre Stunden an ihr Ende,
denn jede eilt gehetzt davon, als müßte
sie fliehn, daß sie die folgende nicht fände.
Das Leben, kaum ins Meer des Lichts geraten,
kriecht auf die Reife zu, ist sie gekrönt,
sinnt falsche Nacht schon ihrem Glanz zu schaden,
bis auch die Zeit die eig'ne Gab' mißgönnt.
Die Zeit gräbt Falten in die schönsten Wangen,
die Zeit zersticht den jugendlichen Flitter
und mästet sich an dem, woran wir hangen.
Was aufrecht steht, das steht nur für den Schnitter.
    Und doch! Der Zeit zum Hohn soll mein Lied dringen
    in alle Zukunft, um dein Lob zu singen!

Is it thy will, thy image should keep open
My heavy eyelids to the weary night?
Dost thou desire my slumbers should be broken
While shadows like to thee do mock my sight?
Is it thy spirit that thou send'st from thee
So far from home into my deeds to pry,
To find out shames and idle hours in me,
The scope and tenure of thy jealousy?
O no, thy love though much, is not so great,
It is my love that keeps mine eye awake,
Mine own true love that doth my rest defeat,
To play the watchman ever for thy sake.
    For thee watch I, whilst thou dost wake elsewhere,
    From me far off, with others all too near.

Sin of self-love possesseth all mine eye,
And all my soul, and all my every part;
And for this sin there is no remedy,
It is so grounded inward in my heart.
Methinks no face so gracious is as mine,
No shape so true, no truth of such account,
And for my self mine own worth do define,
As I all other in all worths surmount.
But when my glass shows me my self indeed
Beated and chopt with tanned antiquity,
Mine own self-love quite contrary I read:
Self, so self-loving were iniquity.
    'Tis thee (my self) that for my self I praise,
    Painting my age with beauty of thy days.

61

Ist es dein Wille, daß dein Bildnis mir
die müden Lider offen hält zur Nacht?
Ist es dein Wunsch, daß ich die Ruh' verlier',
wenn mich ein Schatten, der dir gleicht, verlacht?
Ist es dein Geist, den du so weit gesendet,
daß er mein Handeln zu belauschen sucht,
ob ich gesündigt, ob ich Zeit verschwendet;
ist's die Gestalt von deiner Eifersucht?
O nein! Du liebst mich zwar, doch nicht so sehr.
Nur meine Liebe macht, daß ich noch wache,
um sie nur ist's, daß ich dem Schlafe wehr'.
Sie ist der treue Wächter deiner Sache.
    Ich liege wach für dich, und irgendwo,
      weit fort, wachst du und machst dort andre froh.

62

Die Sünd' der Eigenliebe hält die Seele,
das Aug und alles sonst an mir gefangen,
und welches Gegenmittel ich auch wähle,
zur Heilung kann ich nicht gelangen.
Mir scheint, daß kein Gesicht dem meinen gleicht,
weil keine Form so echt ist wie die meine,
von andern dünke ich mich unerreicht,
weil allen Wert ich selbst in mir vereine.
Doch wenn mein Spiegel mir die Wahrheit zeigt,
gebeizt, zerschürft, geschunden von der Zeit,
bin ich nicht mehr zur Eigenlieb' geneigt,
denn so zu lieben wär' Vermessenheit.
    Du bist mein bess'res Ich und meine Zier.
    Was mir das Alter stahl, ersetzt du mir.

Against my love shall be as I am now
With Time's injurious hand crushed and o'erworn,
When hours have drained his blood and filled his brow
With lines and wrinkles, when his youthful morn
Hath travelled on to age's steepy night,
And all those beauties whereof now he's king
Are vanishing, or vanished out of sight,
Stealing away the treasure of his spring:
For such a time do I now fortify
Against confounding age's cruel knife,
That he shall never cut from memory
My sweet love's beauty, though my lover's life.
    His beauty shall in these black lines be seen,
    And they shall live, and he in them still green.

When I have seen by Time's fell hand defaced
The rich-proud cost of outworn buried age,
When sometime lofty towers I see down-rased,
And brass eternal slave to mortal rage.
When I have seen the hungry ocean gain
Advantage on the kingdom of the shore,
And the firm soil win of the watery main,
Increasing store with loss, and loss with store.
When I have seen such interchange of state,
Or state it self confounded, to decay,
Ruin hath taught me thus to ruminate:
That Time will come and take my love away.
    This thought is as a death which cannot choose
    But weep to have, that which it fears to lose.

63

Einst wird die frevlerische Hand der Zeit
den Liebsten so wie mich zur Erde drücken;
sein Blut wird dünn, und die Vergänglichkeit
wird ihm die Rosen von den Wangen pflücken.
Sein Jugendmorgen sinkt in jähe Nacht
und alle Schönheit, die ihn krönt, vergeht
als schwindende und bald entschwund'ne Pracht,
bis aller Frühlingsblütenglanz verweht.
Vor dieser Zeit bestärk' ich meinen Glauben,
daß mich ihr kaltes Messer nicht versehrt;
sie soll mir die Erinnerung nicht rauben
wenn sie auch seine Schönheit dann zerstört.
    In diesen Zeilen will ich sie behüten,
    hier lebt sie ewig und treibt neue Blüten.

64

Hab' ich gesehn, wie hart die Hand der Zeit
abstreift vergang'ner Tage Stolz und Pracht,
erhabne Türme stürzt, in Ewigkeit
Metall zum Knecht der wilden Mordlust macht;
hab ich das unstillbare Meer gesehen,
wie's auf dem Strand die Oberhand erringt,
wie Festland in der Brandung kommt zu stehen,
Gewinn verliert, Verlust zurückgewinnt;
hab ich gesehn den Wandel aller Welt,
wie Sein stets in Vergangensein sich wendet,
so träumt mir oft: Schau, wenn so alles fällt,
kann es nicht sein, daß auch die Liebe endet?
    Der Traum ist wie der Tod. Er läßt nur Tränen.
    Wir halten nichts als unser eignes Sehnen.

65

Since brass, nor stone, nor earth, not boundless sea,
But sad mortality o'ersways their power,
How with this rage shall beauty hold a plea,
Whose action is no stonger than a flower?
O how shall summer's honey breath hold out,
Against the wrackful siege of batt'ring days,
When rocks impregnable are not so stout,
Nor gates of steel so strong but time decays?
O fearful meditation, where alack,
Shall Time's best jewel from Time's chest lie hid?
Or what strong hand can hold his swift foot back,
Or who his spoil of beauty can forbid?
    O none, unless this miracle have might,
    That in black ink my love may still shine bright.

66

Tired with all these for restful death I cry,
As to behold desert a beggar born,
And needy nothing trimmed in jollity,
And purest faith unhappily forsworn,
And gilded honour shamefully misplaced,
And maiden virtue rudely strumpeted,
And right perfection wrongfully disgraced,
And strength by limping sway disabléd,
And art made tongue-tied by authority,
And folly (doctor-like) controlling skill,
And simple truth miscalled simplicity,
And captive good attending captain ill.
    Tired with all these, from these would I be gone,
    Save that to die, I leave my love alone.

65

Wenn Stein und Erz und fesselloses Meer
mit ihrer Macht selbst nicht dem Tod entgehen,
wie sind die schönen Dinge vor ihm ohne Wehr,
die blumengleich verwittern und verwehen.
Oh, wie soll denn des Sommers süßer Hauch
sich gegen die Belagerung des Winters wenden,
wenn unerschütterliche Felsen auch
und Eisentore brechen unter solchen Händen!
O Grübelei! Du willst mich überschwemmen!
Wo soll die Zeit ihr schönstes Gut verbergen?
Welch eine Hand kann solche Schritte hemmen?
Wer wehrt den Mord des Schönen einem Schergen?
    Oh, nein! Dies Wunder wird nicht eher wahr,
    als Liebe nicht aus schwarzer Schrift gebar!

66

Komm, süßer Tod, ich bin der Erde müd!
Ich will nicht seh'n, wie Ehr' als Strolch geboren
und schales Nichts in heitrem Tand erblüht
und ew'ge Treu' gebrochen wie geschworen;
und goldner Ruhm so schmachvoll wird mißachtet
und Mädchenreinheit durch Gewalt geschändet;
und man die Reife zu entehren trachtet
und Kraft durch schlaffe Zucht verschwendet;
und Kunst durch plumpe Macht wird überschrien
und Wahnwitz wie ein Arzt Gesundheit schilt;
und Wahrheit wird als Einfalt angespien
und Güte horcht, wenn Schlechtigkeit befiehlt.
    Ich ging' so gern, mich ekelt dies Getriebe;
    Nur: wenn ich sterb', wo bleibt dann meine Liebe?

Ah wherefore with infection should he live
And with his presence grace impiety,
That sin by him advantage should achieve,
And lace it self with his society?
Why should false painting imitate his cheek,
And steal dead seeming of his living hue?
Why should poor beauty indirectly seek,
Roses of shadow, since his rose is true?
Why should he live, now nature bankrupt is,
Beggared of blood to blush through lively veins,
For she hath no exchequer now but his,
And proud of many, lives upon his gains?
    O him she stores, to show what wealth she had
    In days long since, before these last so bad.

Thus is his cheek the map of days outworn,
When beauty lived and died as flowers do now,
Before these bastard signs of fair were born,
Or durst inhabit on a living brow:
Before the golden tresses of the dead,
The right of sepulchres, were shorn away,
To live a second life on second head,
Ere beauty's dead fleece made another gay:
In him those holy antique hours are seen
Without all ornament, it self and true,
Making no summer of another's green,
Robbing no old to dress his beauty new,
    And him as for a map doth Nature store,
    To show false Art what beauty was of yore.

Weshalb sollt' er hier mit dem Unrat leben
durch seine Gegenwart Verbrechen zieren,
damit die Heuchler dann ihr Haupt erheben
und frech mit seinem Namen renommieren?
Wofür sollt' falsche Farbe ihn bedecken,
die Lebensröte kränklich übermalen,
und einer Rose Abglanz ihn beflecken,
wenn seine Wangen selbst wie Rosen strahlen?
Warum sollt' er, da die Natur verdorben,
sein Blut für ihre Schamesröte leihn,
denn ohne ihn wär' all ihr Reiz gestorben
und all ihr Prahlen nichts als leerer Schein?
   In ihm allein kann sie noch Reichtum zeigen,
   da ihre guten Tage sich zum Ende neigen.

Sein Antlitz trägt die Spur gelebter Stunden,
da seine Schönheit blühte und verging,
eh' man die Bastardkunst des Trugs erfunden
und Schönheit vorzutäuschen unterfing;
eh' man den Toten ihre goldnen Locken schor,
eh' man die Beute raubte ihrem Grabe
und so dem Haarschmuck einen zweiten Kopf erkor,
damit die Schönheit einen neuen Wohnsitz habe.
Er zeigt das Werk der heilig alten Stunden,
ganz ohne Schmuck und nur sich selber treu,
hat nie mit fremden Blüten sich umwunden,
hat nichts geborgt und schminkte sich nicht neu.
   Drum will sich die Natur sein Bild bewahren,
   daß falsche Kunst die Wahrheit mag erfahren.

Those parts of thee that the world's eye doth view,
Want nothing that the thought of hearts can mend:
All tongues (the voice of souls) give thee that due,
Uttering bare truth, even so as foes commend.
Thy outward thus with outward praise is crowned,
But those same tongues that give thee so thine own,
In other accents do this praise confound
By seeing farther than the eye hath shown.
They look into the beauty of thy mind,
And that in guess they measure by thy deeds,
Then churls their thoughts (although their eyes were kind)
To thy fair flower add the rank smell of weeds:
    But why thy odour matcheth not thy show,
    The soil is this, that thou dost common grow.

That thou are blamed shall not be thy defect,
For slander's mark was ever yet the fair,
The ornament of beauty is suspect,
A crow that flies in heaven's sweetest air.
So thou be good, slander doth but approve,
Thy worth the greater being wooed of time,
For canker vice the sweetest buds doth love,
And thou present'st a pure unstainéd prime.
Thou hast passed by the ambush of young days,
Either not assailed, or victor being charged,
Yet this thy praise cannot be so thy praise,
To tie up envy, evermore enlarged,
    If some suspect of ill masked not thy show,
    Then thou alone kingdoms of hearts shouldst owe.

69

Das, was der Blick der Welt an dir erschaut,
entbehrt nicht, was ein Herz im Traum begehrte,
und jede Zunge preist dich darum laut.
Es ist kein Feind, der dir dies Lob verwehrte.
Doch wird dein Äußeres nur äußerlich
gerühmt durch solche ritterlichen Zungen,
die überrascht verstummen, wenn sie sich
dorthin gewandt, wo noch kein Blick gedrungen.
Wenn sie die Schönheit deiner Seele schauen
und messen sie darauf an deinem Handeln,
so wollen sie den Augen nicht mehr trauen,
als würden Blumen sich in Unkraut wandeln.
    Drum gleicht dein Duft nicht deinem Schein,
    denn du machst dich mit Niedrigen gemein.

70

Schuldlos bist du am Tadel dieser Welt.
Der Reine muß das Ziel der Neider sein.
Verdacht ist stets der Schönheit zugesellt
wie schwarzer Krähenflug dem Sonnenschein.
Sei du nur gut, denn die Verleumdung mehrt
nur deinen Wert, wenn dich die Zeit umworben;
die Knospe wird vom Wurm zumeist begehrt,
und du bist süß und rein und unverdorben.
Aus den Versuchungen der Jugendzeit
gingst du verschont und unbesiegt hervor;
doch dieses Lob erregt nur neuen Neid,
der schwillt und züngelt nun zu dir empor.
    Geläng's nicht dem Verdacht, dich anzuschwärzen,
    regiertest du im Königreich der Herzen.

71

No longer mourn for me when I am dead,
Than you shall hear the surly sullen bell
Give warning to the world that I am fled
From this vile world with vilest worms to dwell:
Nay if you read this line, remember not
The hand that writ it, for I love you so,
That I in your sweet thoughts would be forgot,
If thinking on me then should make you woe.
O if (I say) you look upon this verse,
When I (perhaps) compounded am with clay,
Do not so much as my poor name rehearse;
But let your love even with my life decay.
  Lest the wise world should look into your moan,
  And mock you with me after I am gone.

72

O lest the world should task you to recite
What merit lived in me that you should love
After my death (dear love) forget me quite,
For you in me can nothing worthy prove.
Unless you would devise some virtuous lie,
To do more for me than mine own desert,
And hang more praise upon deceaséd I,
Than niggard truth would willingly impart:
O lest your true love may seem false in this,
That you for love speak well of me untrue,
My name be buried where my body is,
And live no more to shame nor me nor you.
  For I am shamed by that which I bring forth,
  And so should you, to love things nothing worth.

Du sollst nicht länger trauern, wenn ich tot bin,
als dir der dunkle Ruf der Glocke hallt,
der aller Welt sagt, daß ich ihr enflohn bin
und bei den Würmern nun mein Aufenthalt.
Nein, wenn du dieses liest, so denke nicht
der Hand, die's schrieb, denn ich hab dich so lieb,
daß, wenn mein Bild dir in die Seele sticht,
ich lieber ganz von dir vergessen blieb.
Oh, siehst du einst auf diese Verse nieder,
ich bin vielleicht dann schon dem Staub vermischt,
so sprich nur meinen armen Namen wieder,
mach, daß die Lieb' mit meinem Leib erlischt.
    Daß nicht die kluge Welt dein Trauern sieht
    und, wenn ich fort bin, dir drum Leid geschieht.

72

Daß nicht die Welt dich einstens quält mit Fragen,
wie ich's vermochte, deine Lieb' zu binden.
vergiß mich, wenn sie mich zu Grabe tragen,
denn Würdiges kannst du an mir nicht finden.
Es sei denn, du verfiel'st auf fromme Lügen,
um mehr für mich zu tun als ich verdien',
und so den Geizhals Wahrheit zu betrügen
und mich zu loben, wenn ich nicht mehr bin.
Auf deine Treue fiel' ein trüber Schein,
wenn du aus Liebe mit der Wahrheit brichst.
Schließ in mein Grab auch meinen Namen ein,
eh' du dich schämen mußt, wenn du ihn sprichst.
    Denn was ich schuf, wird wenig Ehr' erringen,
    und deine Liebe wird dir Schande bringen.

73

That time of year thou mayst in me behold,
When yellow leaves, or none, or few do hang
upon those boughs which shake against the cold,
Bare ruined choirs, where late the sweet birds sang.
In me thou seest the twilight of such day,
As after sunset fadeth in the west,
Which by and by black night doth take away,
Death's second self that seals up all in rest.
In me thou seest the glowing of such fire,
That on the ashes of his youth doth lie,
As the death-bed, whereon it must expire,
Consumed with that which it was nourished by.
    This thou perceiv'st, which makes thy love more strong,
    To love that well, which thou must leave ere long.

74

But be contented when that fell arrest,
Without all bail shall carry me away,
My life hath in this line some interest,
Which for memorial still with thee shall stay.
When thou reviewest this, thou dost review,
The very part was consecrate to thee,
The earth can have but earth, which is his due,
My spirit is thine the better part of me,
So then thou hast but lost the dregs of life,
The prey of worms, my body being dead,
The coward conquest of a wretch's knife,
Too base of thee to be rememberéd,
    The worth of that, is that which it contains,
    And that is this, and this with thee remains.

73

Die Jahreszeit kannst du an mir gewahren,
da hier und dort noch gelbe Blätter hangen
an Zweigen, durch die kalte Winde fahren,
ein dürr' Gebälk, in dem einst Vögel sangen.
So gleich' ich nun dem müden Abendlicht,
wenn bleich die Sonne niedersinkt zur Nacht,
um die das Dunkel seinen Schleier flicht,
so wie der Tod, der alles schweigen macht.
Ich bin nur Glut, die in der Asche liegt,
auf der einst flammend meine Jugend spielte.
Nun ist's mein Totenbett. Der Quell versiegt,
der einst so mächtig meine Adern füllte.
    Oh, halte, was du lieb hast, fest umfangen,
    denn eh' du's ahnst, ist es von dir gegangen.

74

Beruhige dich: wenn grausame Gewalten
mich ohne Bürgschaft von dir trennen,
so bleiben diese Zeilen doch erhalten,
die an mein Dasein dich erinnern können.
Wenn du die Botschaft liest, so blickst du nieder
auf jenen Teil, der dir gehört, von mir;
der Erd' gab ich mein Erdenleben wieder,
mein bess'rer Teil, mein Geist, verweilt bei dir.
Des Lebens Bodensatz hast du verloren,
den Leib, der bald im Grab die Würmer nährt.
Mag ihn ein feiger Messerstich durchbohren,
er ist des Angedenkens gar nicht wert.
    Was wertvoll war, hat dieser Leib umfaßt,
    und das bleibt heil, da du's in Händen hast.

75

So are you to my thoughts as food to life,
Or as sweet-seasoned showers are to the ground;
And for the peace of you I hold such strife
As 'twixt a miser and his wealth is found.
Now proud as an enjoyer, and anon
Doubting the filching age will steal his treasure,
Now counting best to be with you alone,
Then bettered that the world may see my pleasure,
Sometime all full with feasting on your sight,
And by and by clean starvéd for a look,
Possessing or pursuing no delight
Save what is had, or must from you be took.
    Thus do I pine and surfeit day by day,
     Or gluttoning on all, or all away.

76

Why is my verse so barren of new pride?
So far from variation or quick change?
Why, with the time, do I not glance aside
To new-found methods, and to compounds strange?
Why write I still all one, ever the same,
And keep invention in a noted weed,
That every word doth almost tell my name,
Showing their birth, and where they did proceed?
O know sweet love I always write of you,
And you and love are still my argument:
So all my best is dressing old words new,
Spending again what is already spent:
    For as the sun is daily new and old,
     So is my love still telling what is told.

Du bist für meinen Geist wie Brot zum Leben
wie süßgewürzter Regen für das Feld,
um deinetwillen will ich müh'n und streben,
wie es der Geizhals tut um Gut und Geld.
Bald ist er stolz darauf, es zu genießen,
bald fürchtet er, daß sie den Schatz ihm stehlen.
So wünscht' ich kaum, daß alle uns verließen,
schon reut's mich, mein Vergnügen zu verhehlen.
Zuweilen sättigt sich mein Aug an dir,
dann wieder lechze ich nach deinem Blick,
denn alle Lust und alle Lustbegier
find ich in dir und gibst du mir zurück.
    So schmachte ich und schlemme ich zugleich
    und fühle mich durch dich verarmt und reich.

Warum entbehrt mein Vers der neuen Pracht,
vermeidet raschen Wechsel und Verwandlung,
schielt nicht auf das, was heut ein jeder macht:
auf neue Form und komplizierte Handlung?
Warum beschreib ich immer nur das eine,
halt' die Erfindung in bekanntem Kreise,
auf daß aus jedem Wort mein Name scheine
und sich die Herkunft klar daraus erweise?
Du weißt es: Ich schreib' stets nur über dich,
du und die Liebe, ihr seid meine Themen,
wenn Altes ich mit neuer Farbe strich,
mußt' ich, was ich dir gab, von dir erst nehmen.
    So wie die Sonne alt erscheint und neu,
    bleibt auch die Liebe stets sich selber treu.

Thy glass will show thee how thy beauties wear,
Thy dial how thy precious minutes waste,
The vacant leaves thy mind's imprint will bear,
And of this book, this learning mayst thou taste.
The wrinkles which thy glass will truly show,
Of mouthéd graves will give thee memory,
Thou by thy dial's shady stealth mayst know,
Time's thievish progress to eternity.
Look what thy memory cannot contain,
Commit to these waste blanks, and thou shalt find
Those children nursed, delivered from thy brain,
To take a new acquaintance of thy mind.
    These offices so oft as thou wilt look,
    Shall profit thee, and much enrich thy book.

So oft have I invoked thee for my muse,
And found such fair assistance in my verse,
As every alien pen hath got my use,
And under thee their poesy disperse.
Thine eyes, that taught the dumb on high to sing,
And heavy ignorance aloft to fly,
Have added feathers to the learnéd's wing,
And given grace a double majesty.
Yet be most proud of that which I compile,
Whose influence is thine, and born of thee,
In others' works thou dost but mend the style,
And arts with thy sweet graces gracéd be.
    But thou art all my art, and dost advance
    As high as learning, my rude ignorance.

77

Dein Spiegel zeigt dir, wie die Reize schwinden,
das Zifferblatt, wie die Minuten fliehen;
wenn auf Papier sich deine Spuren finden,
kannst du aus diesem Buch die Lehre ziehen.
Die Falten, die sich dir im Spiegel zeigen,
gemahnen an ein offnes Gräberfeld,
und kriecht der Schatten durch den Ziffernreigen,
gedenkst du der Vergänglichkeit der Welt.
Was dein Gedächtnis nicht bewahren kann,
sieh, das vertraue diesen leeren Seiten.
Dein Geist begegnet eines Tages dann
erfreut den Kindern längst vergangner Zeiten.
    So hortest du die Ernte in den Speichern
    und wirst dich selbst und auch dein Buch bereichern.

78

Oft hab ich dich als Muse angerufen
und solche Hilfe für mein Lied gefunden,
daß bald auch andre Federn für dich schufen
und ihre Verse dir nun Dank bekunden.
Dein Auge lehrte Stumme hell zu singen
und plumpe Geister himmelhoch zu fliegen,
vermehrte Federn selbst an starken Schwingen
und konnte Anmut noch zur Hoheit fügen.
Doch meine Kunst darf dich mit Stolz erfüllen,
denn was ich heut vermag, das kommt von dir.
An andern Werken glättest du die Hüllen
und schmückst mit süßer Grazie die Zier;
    doch ich muß dir für alles Dank erweisen,
    da meine Einfalt sie als Wissen preisen.

Whilst I alone did call upon thy aid,
My verse alone had all thy gentle grace,
But now my gracious numbers are decayed,
And my sick muse doth give an other place.
I grant (sweet love) thy lovely argument
Deserves the travail of a worthier pen,
Yet what of thee thy poet doth invent,
He robs thee of, and pays it thee again,
He lends thee virtue, and he stole that word
From thy behaviour, beauty doth he give,
And found it in thy cheek: he can afford
No praise to thee, but what in thee doth live.
    Then thank him not for that which he doth say,
    Since what he owes thee, thou thy self dost pay.

O how I faint when I of you do write,
Knowing a better spirit doth use your name,
And in the praise thereof spends all his might,
To make me tongue-tied, speaking of your fame.
But since your worth (wide as the ocean is)
The humble as the proudest sail doth bear,
My saucy barque (inferior far to his)
On your broad main doth wilfully appear.
Your shallowest help will hold me up afloat,
Whilst he upon your soundless deep doth ride,
Or (being wrecked) I am a worthless boat,
He of tall building, and of goodly pride.
    Then if he thrive and I be cast away,
    The worst was this, my love was my decay.

Als ich allein um deine Hilfe bat,
da lag dein Glanz noch ganz in meinem Lied.
Doch seit im Lob ich meine Zahl vertat,
weicht meine kranke Muse und entflieht.
O Lieber, ich gesteh', dein wahrer Preis
ist wohl der Mühe bess'rer Federn wert.
Was auch dein Dichter zu erfinden weiß,
er nimmt von dir, was er dir neu beschert.
Er leiht dir Tugend und er stahl das Lob
von deinem Anstand; will er Schönheit geben,
fand er's auf deiner Stirn. Was er erhob,
das sah er nur in dir lebendig leben.
 So dank ihm nicht für das, was er dir singt.
 Du gabst ihm selbst, was er dir wiederbringt.

Ich will dich rühmen, aber ich verstumme,
denn ich erkenn', dich preist ein bess'rer Geist,
der alle Macht bemüht zu deinem Ruhme
und mir mein allzu schlichtes Lob verweist.
Doch da dein Wert so weit ist wie das Meer,
ist ihm ein jegliches Gefährt gleich gut.
Mein Kahn ist morsch, sein Schiff ist stark und schwer,
doch willig trägt uns alle deine Flut.
Nur deine Hilfe hält mich auf den Wellen,
wenn er die Wogen deiner See bezwingt;
doch als ein müdes Wrack kann ich zerschellen,
wenn seinem starken Bug die Fahrt gelingt.
 Kommt er ans Ziel und muß ich davor sterben,
 so weiß ich wohl: Die Lieb' war mein Verderben!

81

Or I shall live your epitaph to make,
Or you survive when I in earth am rotten,
From hence your memory death cannot take,
Although in me each part will be forgotten.
Your name from hence immortal life shall have,
Though I (once gone) to all the world must die,
The earth can yield me but a common grave,
When you entombéd in men's eyes shall lie,
Your monument shall be my gentle verse,
Which eyes not yet created shall o'er-read,
And tongues to be, your being shall rehearse,
When all the breathers of this world are dead,
    You still shall live (such virtue hath my pen)
    Where breath most breathes, even in the mouths of men.

82

I grant thou wert not married to my muse,
And therefore mayst without attaint o'erlook
The dedicated words which writers use
Of their fair subject, blessing every book.
Thou art as fair in knowledge as in hue,
Finding thy worth a limit past my praise,
And therefore art enforced to seek anew,
Some fresher stamp of these time-bettering days.
And do so love, yet when they have devised,
What strainéd touches rhetoric can lend,
Thou truly fair, wert truly sympathized,
In true plain words, by thy true-telling friend;
    And their gross painting might be better used,
    Where cheeks need blood, in thee it is abused.

Ob ich ein Grabmal baue oder du,
wenn ich verfaule, noch am Leben bist,
dein Angedenken kann die ew'ge Ruh'
nicht löschen, wenn man mich auch bald vergißt.
Hierdurch soll ewig nun dein Name leben,
wenn ich auch einst für alle Zeiten sterbe.
Mir kann die Erd' ein schlechtes Grab nur geben,
du läßt in aller Menschen Aug dein Erbe.
Dein Monument sei dieses zarte Lied,
das Augen ferner Zukunft lesen werden,
um das sich mancher künft'ge Mund bemüht,
wenn keiner von uns atmet mehr auf Erden.
    Denn du sollst leben – dies vermag mein Lied –
    im Mund der Menschen, wo der Atem zieht.

Du bist mit meiner Muse nicht vermählt
und kannst drum ungetadelt übersehen,
wie sorgsam oft ein Dichter Worte wählt,
um vor dem Gegenstande zu bestehen.
Gleich schön bist du von Bildung und Gestalt
und siehst, mein Lob erreicht nicht deinen Wert;
drum suchst du einen, der dich besser malt
und deiner Prägung frischen Glanz beschert.
So ist es recht. Doch wenn es sich erweist,
wie angestrengt oft Gleisnerei erscheint,
wär's besser, wenn ein wahrer Freund dich preist
mit wahren Worten, die er ehrlich meint.
    Denn dicke Farben, breiter Pinselstrich
    verschönern bleiche Wangen – doch nicht dich.

83

I never saw that you did painting need,
And therefore to your fair no painting set,
I found (or thought I found) you did exceed,
The barren tender of a poet's debt:
And therefore have I slept in your report,
That you your self being extant well might show,
How far a modern quill doth come too short,
Speaking of worth, what worth in you doth grow.
This silence for my sin you did impute,
Which shall be most my glory being dumb,
For I impair not beauty being mute,
When others would give life, and bring a tomb.
    There lives more life in one of your fair eyes,
    Than both your poets can in praise devise.

84

Who is it that says most, which can say more,
Than this rich praise, that you alone, are you?
In whose confine immuréd is the store,
Which should example where your equal grew.
Lean penury within that pen doth dwell,
That to his subject lends not some small glory,
But he that writes of you, if he can tell,
That you are you, so dignifies his story.
Let him but copy what in you is writ,
Not making worse what nature made so clear,
And such a counterpart shall fame his wit,
Making his style admiréd every where.
    You to your beauteous blessings add a curse,
    Being fond on praise, which makes your praises worse.

Ich meinte nie, man sollte dich bemalen,
und hab' auf Schminke, wenn ich schrieb, verzichtet.
Ich fand, ich könnte nie die Schuld bezahlen,
die alles übersteigt, was ich gedichtet.
Und darum habe ich dein Lob verschlafen,
so daß du selbst als lebender Beweis,
nun zeigst, wie schlecht die Modedichter trafen,
da nach dem Wert sie zielten mit dem Preis.
Du sahst mein Schweigen als Verfehlung an,
das wird mir, wenn ich stumm bleib, gern verziehn.
Ich hab der Schönheit keinen Tort getan
und ihr nicht Gift gebracht statt Medizin.
    In jedem deiner Augen liegt mehr Leben,
    als je ein Dichter dir vermag zu geben.

Wer lobt am meisten? Gibt es höhern Preis
als sagen, daß du ganz du selber bist?
Wo ist der Hort gelagert als Beweis,
daß etwas wuchs, das dir vergleichbar ist?
Wie arm und geizig muß die Feder sein,
die nicht vermag den Gegenstand zu schmücken;
doch dem, der dich beschreibt, genügt allein,
daß er dich nennt, um alle zu entzücken.
Laß ihn, was du in dir trägst, nur kopieren,
solang er nicht verdirbt, was er dort fand,
wird man dem Abbild freudig applaudieren
und seinen Stil bewundern weit im Land.
    Ein Fluch jedoch vermindert deinen Segen:
    Du liebst das Lob und schadest dir deswegen.

My tongue-tied muse in manners holds her still,
While comments of your praise richly compiled,
Reserve their character with golden quill,
And precious phrase by all the Muses filed.
I think good thoughts, whilst other write good words,
And like unlettered clerk still cry Amen,
To every hymn that able spirit affords,
In polished form of well-refinéd pen.
Hearing you praised I say 'tis so, 'tis true,
And to the most of praise add something more,
But that is in my thought, whose love to you,
(Though words come hindmost) holds his rank before,
   Then others for the breath of words respect,
   Me for my dumb thoughts, speaking in effect.

Was it the proud full sail of his great verse,
Bound for the prize of (all too precious) you,
That did my ripe thoughts in my brain inhearse,
Making their tomb the womb wherein they grew?
Was it his spirit, by spirits taught to write,
Above a mortal pitch, that struck me dead?
No, neither he, nor his compeers by night
Giving him aid, my verse astonishéd.
He nor that affable familiar ghost
Which nightly gulls him with intelligence,
As victors of my silence cannot boast,
I was not sick of any fear from thence.
   But when your countenance filled up his line,
   Then lacked I matter, that enfeebled mine.

85

Mit lahmer Zung' muß meine Muse schweigen,
indes Berichte deines Lobs sich mehren
und goldne Kiele ihre Künste zeigen,
um dich durch alle Musen hoch zu ehren.
Denk ich das Gute, schreiben's andre nieder;
der Schrift unkundig, darf ich Amen rufen,
wenn die geübten Federn ihre Lieder
in glatter Form zu deinem Ruhme schufen.
Hör' ich dich loben, sag' ich: So ist's gut!
und füg' zum höchsten Lob noch etwas mehr.
Es ist mein Geist, der dies aus Liebe tut,
im Denken reich, ist er an Worten leer.
　　Für Schall und Wort magst du den andern danken,
　　mir für die stummen Dienste der Gedanken.

86

Ob es das stolze Segel seiner Lieder,
die große Beutefahrt zu deinen Schätzen war,
mir welkten die gereiften Früchte wieder,
zum Grabe ward mein Hirn, das sie gebar.
War es sein Geist, von Geistern unterwiesen,
der mich, den Sterblichen, zu Boden zwang?
Nein, weder er noch fremde Geisterriesen,
sie waren's nicht, denen der Sieg gelang.
Er darf sich nicht als mein Bezwinger brüsten,
auch nicht ein hilfsbereiter Geisterreigen,
der ihn bei Nacht besucht, um ihn zu rüsten,
hat mich durch Angst gezwungen stillzuschweigen.
　　Da du den Inhalt gabst für sein Gedicht,
　　versagte ich, denn mir gabst du ihn nicht.

Farewell! thou art too dear for my possessing,
And like enough thou know'st thy estimate,
The charter of thy worth gives thee releasing:
My bonds in thee are all determinate.
For how do I hold thee but by thy granting,
And for that riches where is my deserving?
The cause of this fair gift in me is wanting,
And so my patent back again is swerving.
Thy self thou gav'st, thy own worth then not knowing,
Or me to whom thou gav'st it, else mistaking,
So thy great gift, upon misprision growing,
Comes home again, on better judgement making.
   Thus have I had thee as a dream doth flatter,
   In sleep a king, but waking no such matter.

When thou shalt be disposed to set me light,
And place my merit in the eye of scorn,
Upon thy side, against my self I'll fight,
And prove thee virtuous, though thou art forsworn:
With mine own weakness being best acquainted,
Upon thy part I can set down a story
Of faults concealed, wherein I am attainted:
That thou in losing me, shall win much glory:
And I by this will be a gainer too,
For bending all my loving thoughts on thee,
The injuries that to my self I do,
Doing thee vantage, double-vantage me.
   Such is my love, to thee I so belong,
   That for thy right, my self will bear all wrong.

Lebwohl! Du stehst zu hoch, um mein zu sein,
und gut genug kennst du den eignen Preis.
Der Freibrief deines Werts muß dich befrein
und zwingt mich Hörigen in deinen Kreis.
Wie halt' ich dich durch deinen eignen Willen
und wodurch könnt' ich dies Geschenk verdienen?
Denn deinen Preis kann ich doch nie erfüllen.
So wird mein Glück mir wiederum zerrinnen.
Du gabst dich, ohne deinen Wert zu kennen,
wo nicht, so hast du mich nicht recht erkannt.
Die Gabe muß sich vom Empfänger trennen
und kehrt zurück in eine bess're Hand.
    So warst du mein: wenn ich im Traume lache,
    bin ich ein Fürst. Doch weh, wenn ich erwache.

Entschließt du dich einst, mich zu leicht zu finden
und mein Verdienst dem Spott anheim zu geben,
werd' ich, du Falscher, mich mit dir verbünden
und deine Tugend auf den Schild erheben.
Von meiner Schwäche, die ich wohl gewahre,
kann ich ein Lied zu deinem Vorteil singen,
in dem ich meine Fehler offenbare.
Verlierst du mich, wird es dir Nutzen bringen.
Doch ich werd' auch gewinnen bei der Sache;
denn da ich all mein Sehnen an dich wende
und dir durch meinen Schaden Freude mache,
wird meine Freude doppelt sein am Ende.
    So lieb ich dich und bin dir ganz zu eigen,
    mag auch dein Recht sich mir als Unrecht zeigen.

Say that thou didst forsake me for some fault,
And I will comment upon that offence,
Speak of my lameness, and I straight will halt:
Against thy reasons making no defence.
Thou canst not (love) disgrace me half so ill,
To set a form upon desiréd change,
As I'll my self disgrace, knowing thy will,
I will acquaintance strangle and look strange:
Be absent from thy walks and in my tongue
Thy sweet belovéd name no more shall dwell,
Lest I (too much profane) should do it wrong:
And haply of our old acquaintance tell.
    For thee, against my self I'll vow debate,
    For I must ne'er love him whom thou dost hate.

Then hate me when thou wilt, if ever, now,
Now while the world is bent my deeds to cross,
Join with the spite of fortune, make me bow,
And do not drop in for an after-loss:
Ah do not, when my heart hath 'scaped this sorrow,
Come in the rearward of a conquered woe,
Give not a windy night a rainy morrow,
To linger out a purposed overthrow.
If thou wilt leave me, do not leave me last,
When other petty griefs have done their spite,
But in the onset come, so shall I taste
At first the very worst of fortune's might.
    And other strains of woe, which now seem woe,
    Compared with loss of thee, will not seem so.

89

Sag, du verließest mich aus meiner Schuld,
und ich will meine Fehler dir erklären;
sag, ich sei lahm, so hink' ich voll Geduld;
verklag mich, und ich werde mich nicht wehren.
Du könntest, Liebster, mich nicht halb so kränken,
um deinen Sinneswandel zu begründen,
wie ich mich kränke; doch ich kenn' dein Denken
und werd' dich deiner Liebesschuld entbinden.
Ich werd' dir aus dem Weg gehn und vermeiden,
daß meine Zunge deinen Namen nennt,
damit sie nicht verrät, wer von uns beiden
verheimlicht, wie gut er den andern kennt.
    Wenn es dir nützt, will ich mich selbst betrüben,
    denn wen du haßt, den kann auch ich nicht lieben.

90

Wenn je, ist jetzt die Zeit, um mich zu hassen,
jetzt, da die Welt das, was ich schuf, vernichtet,
versuch dich meinem Schicksal anzupassen:
triff jetzt, sonst werd ich zweimal hingerichtet.
Schlag mich nicht dann, wenn schon mein Herz den Sorgen,
die es belagern, halb entronnen ist,
bring nach der Sturmnacht keinen Regenmorgen,
verzögre nicht die längst verhängte Frist.
Willst du mich lassen, laß mich nicht zuletzt,
nachdem ich kleinern Kummer überwunden,
verlaß als erster mich, verlaß mich jetzt,
denn dieser Schlag schlägt mir die tiefsten Wunden.
    Verglichen mit dem untragbaren einen
    wird jeder andre Schmerz erträglich scheinen.

Some glory in their birth, some in their skill,
Some in their wealth, some in their body's force,
Some in their garments though new-fangled ill:
Some in their hawks and hounds, some in their horse.
And every humour hath his adjunct pleasure,
Wherein it finds a joy above the rest,
But these particulars are not my measure,
All these I better in one general best.
Thy love is better than high birth to me,
Richer than wealth, prouder than garments' costs,
Of more delight than hawks or horses be:
And having thee, of all men's pride I boast.
    Wretched in this alone, that thou mayst take,
    All this away, and me most wretched make.

But do thy worst to steal thy self away,
For term of life thou art assuréd mine,
And life no longer than thy love will stay,
For it depends upon that love of thine.
Then need I not to fear the worst of wrongs,
When in the least of them my life hath end,
I see a better state to me belongs
Than that, which on thy humour doth depend.
Thou canst not vex me with inconstant mind,
Since that my life on thy revolt doth lie,
O, what a happy title do I find,
Happy to have thy love, happy to die!
    But what's so blesséd fair that fears no blot?
    Thou mayst be false, and yet I know it not.

Der rühmt sich seiner Kunst, der seines Standes,
der seines Reichtums, jener seiner Kraft,
der seines Kleides oder Modetandes,
der Falken, Hunde, Pferde, Dienerschaft;
und jeder ist auf seine Lust versessen,
die er wie kein Vergnügen sonst genießt;
doch ich will nicht das Einzelne bemessen,
weil mir das höchste Gut beschieden ist.
Daß du mich liebst, wiegt mehr als Adelsschlösser,
macht stolzer mich als Gold und Kleiderpracht,
erfreut mich mehr als Falken oder Rösser,
weil deine Liebe mich glückselig macht.
    Nur ein Gedanke kann mir Furcht erregen:
    Du gabst mir einst und nimmst wohl auch den Segen.

92

Willst du das Schlimmste tun, so stiehl dich fort.
Du hast dich mir für alle Zeit gegeben,
und solch ein Abschied wär' an mir wie Mord,
denn deine Liebe ist für mich das Leben.
Was soll mir noch das schlimmste Übel tun,
wenn mir das kleinste schon ans Leben geht?
Ich schau in eine bess're Zukunft nun,
die alle deine Launen übersteht.
Dein Wankelmut soll mich nicht länger quälen,
und deine Untreu' kann mich nicht verderben.
Ich muß nur eine von zwei Freuden wählen:
von dir geliebt zu sein, für dich zu sterben.
    Doch welches Glück wär' ungetrübt und rein?
    Und ob du falsch bist, das weißt du allein.

So shall I live, supposing thou art true
Like a deceivéd husband, so love's face,
May still seem love to me, though altered new:
Thy looks with me, thy heart in other place.
For there can live no hatred in thine eye,
Therefore in that I cannot know thy change,
In many's looks, the false heart's history
Is writ in moods and frowns and wrinkles strange.
But heaven in thy creation did decree,
That in thy face sweet love should ever dwell,
Whate'er thy thoughts or thy heart's workings be,
Thy looks should nothing thence, but sweetness tell.
    How like Eve's apple doth thy beauty grow,
    If thy sweet virtue answer not thy show.

They that have power to hurt, and will do none,
That do not do the thing, they most do show,
Who moving others, are themselves as stone,
Unmovéd, cold, and to temptation slow:
They tightly do inherit heaven's graces,
And husband nature's riches from expense,
They are the lords and owners of their faces,
Others but stewards of their excellence:
The summer's flower is to the summer sweet,
Though to it self, it only live and die,
But if that flower with base infection meet,
The basest weed outbraves his dignity:
    For sweetest things turn sourest by their deeds,
    Lilies that fester, smell far worse than weeds.

93

So lang ich lebe, werd' ich dir vertrauen
wie ein getäuschter Gatte. Dein Gesicht
mag auch verändert noch wie Lieb' ausschauen,
dein Blick ist bei mir, doch dein Herz ist's nicht.
Denn deine Augen kann kein Hassen trüben,
drum kann ich drin den Wechsel nicht erahnen.
Den andern ist es ins Gesicht geschrieben
mit Laun' und Falten, wenn sie Böses planen.
Der Himmel hat, als er dich schuf, gedacht,
dein Antlitz soll die süße Liebe tragen.
Was nun dein Geist und dein Gefühl auch macht,
dein Blick kann nichts als Zärtlichkeiten sagen.
   Kannst du mit Schönheit Tugend nicht vereinen,
   so wird dein Glanz wie Evas Apfel scheinen.

94

Die, welchen Macht gegeben ist zu streiten,
und die sich sorgen, keinen zu verletzen,
die fest wie Stein sind und doch andre leiten
und sich Versuchung standhaft widersetzen,
die sind mit Recht die Erben guter Geister
und hüten wohl die Schätze der Natur,
sie sind der eignen Taten Herrn und Meister,
die anderen sind ihre Diener nur.
Des Sommers Lieblingskinder sind die Blumen,
auch wenn sie nur für sich erblüh'n und sterben,
doch dringt das Gift der Krankheit in die Krumen,
dann blüht das Unkraut, während sie verderben,
   Ins Gegenteil schlägt leicht das Übermaß,
   und Lilien faulen gräßlicher als Gras.

How sweet and lovely dost thou make the shame,
Which like a canker in the fragrant rose,
Doth spot the beauty of thy budding name!
O in what sweets dost thou thy sins enclose!
That tongue that tells the story of thy days,
(Making lascivious comments on thy sport)
Cannot dispraise, but in a kind of praise,
Naming thy name, blesses an ill report.
O what a mansion have those vices got,
Which for their habitation chose out thee,
Where beauty's veil doth cover every blot,
And all things turn to fair, that eyes can see!
   Take heed (dear heart) of this large privilege,
   The hardest knife ill-used doth lose his edge.

Some say thy fault is youth, some wantonness,
Some say thy grace is youth and gentle sport,
Both grace and faults are loved of more and less:
Thou mak'st faults graces, that to thee resort:
As on the finger of a thronéd queen,
The basest jewel will be well esteemed:
So are those errors that in thee are seen,
To truths translated, and for true things deemed.
How many lambs might the stern wolf betray,
If like a lamb he could his looks translate!
How may gazers mightst thou lead away,
If thou wouldst use the strength of all thy state!
   But do not so, I love thee in such sort,
   As thou being mine, mine is thy good report.

95

Wie freundlich stellst du selbst die Schande dar,
die wie der Wurm in einer blüh'nden Rose
in deiner Reinheit lauert als Gefahr!
Wie süß umkleidest du das Sittenlose!
Die Zunge, die von deinen Taten spricht
und dein Vergnügen lüstern kommentiert,
kann nicht umhin, den tadelnden Bericht
zum Lob zu kehrn, da ihn dein Name ziert.
Bewohnt das Laster nun auch die Paläste,
da es dich zur Behausung auserwählte,
daß unterm Kleid der Schönheit es sich mäste
und, was das Auge sieht, als ehrlich gelte?
    Laß dich, geliebtes Herz, davon nicht blenden,
    das beste Schwert wird stumpf in schlechten Händen.

96

Der will die Tollheit deiner Jugend tadeln,
den andern freut das heit're Spiel der Jugend.
Die Lieb' allein kann Reiz und Fehler adeln,
und du machst jede Schuld zur Tugend.
Wie man den Ring an einer Fürstin Hand,
auch wenn er wertlos ist, für kostbar achtet,
so wird ein Irrtum, den man an dir fand,
als makellose Wahrheit stets betrachtet.
Wie viele Lämmer könnt' der Wolf betrügen,
könnt' er so arglos wie ein Lamm erscheinen;
weit mehr noch würden gaffend dir erliegen,
würd'st alle deine Kräfte du vereinen!
    Doch tu dies nicht. Ich liebe dich so sehr,
    daß, wenn du mein bist, ist's auch deine Ehr'.

How like a winter hath my absence been
From thee, the pleasure of the fleeting year!
What freezings have I felt, what dark days seen!
What old December's bareness everywhere!
And yet this time removed was summer's time,
The teeming autumn big with rich increase,
Bearing the wanton burden of the prime,
Like widowed wombs after their lords' decease:
Yet this abundant issue seemed to me
But hope of orphans and unfathered fruit,
For summer and his pleasures wait on thee,
And thou away, the very birds are mute.
    Or if they sing, 'tis with so dull a cheer,
      That leaves look pale, dreading the winter's near.

From you have I been absent in the spring,
When proud-pied April (dressed in all his trim)
Hath put a spirit of youth in every thing:
That heavy Saturn laughed and leaped with him.
Yet nor the lays of birds nor the sweet smell
Of different flowers in odour and in hue,
Could make me any summer's story tell:
Or from their proud lap pluck them where they grew:
Nor did I wonder at the lily's white,
Nor praise the deep vermilion in the rose,
They were but sweet, but figures of delight:
Drawn after you, you pattern of all those.
    Yet seemed it winter still, and you away,
      As with your shadow I with these did play.

Die Trennung von dir war mir wie ein Winter,
weil mit dir stets das Jahr in Glück verging.
Welch kalte Tage liegen nun dahinter,
und wie dezemberkarg war jedes Ding!
Und doch vertat ein Sommer seine Kräfte,
ein satter Herbst, von Garben schwer und rot,
trug üppigvoll die Bürde seiner Säfte,
wie ein verlass'ner Schoß nach seines Herren Tod.
Doch mir schien dieser Überfluß im Geben
wie vaterlose Frucht, ein Waisentraum.
Denn erst mit dir beginnt das Jahr zu leben,
und bist du fern, so tönt's aus keinem Baum.
    Und singt ein Vogel, so voll solcher Trauer,
    daß Laub verwelkt im winterlichen Schauer.

Im Frühling war ich fern von dir gewesen,
als der April, der buntgescheckte Pfau,
mit seiner Pracht verjüngte alle Wesen,
Saturn selbst lacht' und tanzte durch die Au.
Doch nicht die Vogellieder noch ein Hauch
vermöchte, sei es auch die schönste Blume,
daß ich ein Sommermärchen säng' und auch
nur eine Blüte grüb' aus ihrer Krume.
Ich staunte nie, daß Lilien weiße Töne,
und purpurrote dunkle Rosen trügen,
ich wußte nur, es waren wunderschöne,
dein süßes Vorbild war in ihren Zügen.
    In mir war Winter. Um den Schmerz zu mildern,
    hab ich gespielt mit deinen Schattenbildern.

The forward violet thus did I chide,
Sweet thief, whence didst thou steal thy sweet that smells,
If not from my love's breath? The purple pride
Which on thy soft cheek for complexion dwells,
In my love's veins thou hast too grossly dyed.
The lily I condemnéd for thy hand,
And buds of marjoram had stol'n thy hair,
The roses fearfully on thorns did stand,
One blushing shame, another white despair:
A third nor red, nor white, had stol'n of both,
And to his robbery had annexed thy breath,
But for his theft in pride of all his growth
A vengeful canker ate him up to death.
> *More flowers I noted, yet I none could see,*
> *But sweet, or colour it had stol'n from thee.*

Where art thou Muse that thou forget'st so long,
To speak of that which gives thee all thy might?
Spend'st thou thy fury on some worthless song,
Darkening thy power to lend base subjects light?
Return forgetful Muse, and straight redeem,
In gentle numbers time so idly spent,
Sing to the ear that doth thy lays esteem,
And gives thy pen both skill and argument.
Rise resty Muse, my love's sweet face survey,
If time have any wrinkle graven there,
If any, be a satire to decay,
And make time's spoils despiséd everywhere.
> *Give my love fame faster than Time wastes life,*
> *So thou prevent'st his scythe, and crookéd knife.*

Vorwitzig war das Veilchen, und ich schalt:
Wo stahlst du, süßer Dieb, den süßen Hauch,
wenn nicht vom Mund der Liebsten? Wer bemalt
dir purpurn deine Wange, wenn nicht auch
ihr blaues Blut für dich als Farbe galt?
Die Lilie stahl das Weiß von deinen Händen,
der Majoran wollt' deinen Locken gleichen,
an Rosen mußtest du dein Blüh'n verschwenden,
die Glut der Scham, das angstvolle Erbleichen.
Die dritte Rose, weder rot noch weiß,
stahl beide Farben und dazu den Hauch;
doch zahlt sie für den Raub den bittern Preis,
daß ihr ein Wurm zernagt den blüh'nden Strauch.
    Ich sah noch viele Blumen und doch keine,
        die dir nicht gleicht im Duft und Farbenscheine.

Wo bist du, Muse? Es währt allzu lang,
daß du nicht singst von dem, was dich beseelt.
Gabst du die Glut für wertlos eitlen Sang,
liehst du dein Licht dem, dem das Feuer fehlt?
Vergeßlich warst du, Muse, kehr nun wieder,
entschädig mich für die versäumte Zeit,
sing nur für Ohren, die sich freun der Lieder,
weil Beifall deiner Feder Schwung verleiht.
Auf, träge Muse, späh in das Gesicht
des Liebsten, ob die Zeit dort Falten macht,
und siehst du sie, so schreib ein Hohngedicht,
das die Zerstörungen der Zeit verlacht.
    Rühm meinen Freund, eh' ihn die Zeit versehrt,
        dann lebt er unverletzbar für ihr Schwert.

O truant Muse what shall be thy amends,
For thy neglect of truth in beauty dyed?
Both truth and beauty on my love depends:
So dost thou too, and therein dignified:
Make answer Muse, wilt thou not haply say,
'Truth needs no colour with his colour fixed,
Beauty no pencil, beauty's truth to lay:
But best is best, if never intermixed'?
Because he needs no praise, wilt thou be dumb?
Excuse not silence so, for't lies in thee,
To make him much outlive a gilded tomb:
And to be praised of ages yet to be.
    Then do thy office Muse, I teach thee how,
    To make him seem long hence, as he shows now.

My love is strengthened though more weak in seeming.
I love not less, though less the show appear,
That love is merchandized, whose rich esteeming,
The owner's tongue doth publish every where.
Our love was new, and then but in the spring,
When I was wont to greet it with my lays,
As Philomel in summer's front doth sing,
And stops her pipe in growth of riper days:
Not that the summer is less pleasant now
Than when her mournful hymns did hush the night,
But that wild music burdens every bough,
And sweets grown common lose their dear delight.
    Therefore like her, I sometime hold my tongue:
    Because I would not dull you with my song.

Müßige Muse, wie machst du es gut,
daß du die Wahrheit nicht mit Schönheit zierst,
wie beides nur in meinem Liebsten ruht,
gib beides auch, wenn du die Feder führst.
Als Antwort, Muse, rat ich dir zu sagen:
durch Färbung kann man Wahrheit nur verwässern,
die Schönheit braucht man nicht dick aufzutragen,
und Mischen kann das Beste nicht verbessern.
Weil er kein Lob braucht, schweigst du rücksichtsvoll?
Laß diese Ausflucht, es liegt nur an dir,
ob er sein goldnes Grabmal überleben soll
und ihn die Zukunft preist wie heute wir.
    Drum, Muse, tu dein Werk. Ich will dich lehren,
    ihn zu bewahren, wie wir ihn verehren.

102

Die Liebe wächst in mir und scheint doch schwach,
ich lieb' nicht minder, wenn mein Mund nun schweigt;
preist einer seine Liebe tausendfach,
wird sie zur Ware, die man allen zeigt.
Als sie noch jung war, eben erst erwacht,
hab' unsre Liebe jubelnd ich besungen;
die Nachtigall schlägt in der Frühlingsnacht,
in reifern Tagen ist ihr Lied verklungen.
Ihr Sommerglück ist darum nicht geringer
als zu der Zeit, da ihr die Nacht gelauscht;
doch sitzt auf jedem Zweig ein Freudenbringer,
wird unser Ohr bedrängt und nicht berauscht.
    Drum schweige ich wie sie von Zeit zu Zeit,
    und so wirst du mein Singen niemals leid.

103

Alack what poverty my muse brings forth,
That having such a scope to show her pride,
The argument all bare is of more worth
Than when it hath my added praise beside.
O blame me not if I no more can write!
Look in your glass and there appears a face,
That over-goes my blunt invention quite,
Dulling my lines and doing me disgrace.
Were it not sinful then striving to mend,
To mar the subject that before was well?
For to no other pass my verses tend,
Than of your graces and your gifts to tell.
 And more, much more than in my verse can sit
 Your own glass shows you, when you look in it.

104

To me fair friend you never can be old,
For as you were when first your eye I eyed,
Such seems your beauty still: three winters cold,
Have from the forests shook three summers' pride,
Three beauteous springs to yellow autumn turned,
In process of the seasons have I seen,
Three April perfumes in three hot Junes burned,
Since first I saw you fresh which yet are green.
Ah yet doth beauty like a dial hand,
Steal from his figure, and no pace perceived,
So your sweet hue, which methinks still doth stand
Hath motion, and mine eye may be deceived.
 For fear of which, hear this thou age unbred,
 Ere you were born was beauty's summer dead.

103

Wie ärmlich ist, was meine Muse singt,
daß, wo sie glänzen könnt' bei diesem Vorbild,
der Gegenstand allein mehr Freude bringt,
als wenn mein preisend Lied dazu das Ohr füllt.
Verdamm mich nicht, ich kann nicht besser rühmen.
Schau in den Spiegel, da liegt ein Gesicht,
das übertrifft solch ungeschickte Hymnen
so weit, daß es nur Schande für mich spricht.
Wär' es nicht sündig, wenn man bessern will,
das Vorbild, das so schön ist, zu verderben?
Denn meine Verse haben doch kein Ziel,
als deine Gab' und Anmut zu vererben.
    Und mehr, weit mehr, als es mein Vers erfüllt,
    zeigt dir dies, wenn du willst, dein Spiegelbild.

104

Mein Freund, für mich erscheinst du niemals alt;
wie dich mein Aug zum erstenmal erblickt,
seh ich dich heute noch. Das Laub im Wald
ward dreimal schon vom Winterschnee erstickt,
drei Frühlinge sind schon zum Herbst geworden,
dreimal sah ich seither im Jahresreigen,
wie rings die Blumen welkten und verdorrten,
nur dir ist ew'ger Jugendglanz zu eigen.
Doch es mag sein, daß Schönheit langsam schwindet,
so wie der Zeiger auf der Stundenuhr;
auch wenn mein Blick ihn nicht verändert findet,
rührt er sich doch und täuscht die Augen nur.
    Drum hört, ihr Ungebornen, was euch droht:
    Eh' ihr erscheint, ist schon die Schönheit tot.

105

Let not my love be called idolatry,
Nor my belovéd as an idol show,
Since all alike my songs and praises be
To one, of one, still such, and ever so.
Kind is my love to-day, to-morrow kind,
Still constant in a wondrous excellence,
Therefore my verse to constancy confined,
One thing expressing, leaves out difference.
Fair, kind, and true, is all my argument,
Fair, kind, and true, varying to other words,
And in this change is my invention spent,
Three themes in one, which wondrous scope affords.
    Fair, kind, and true, have often lived alone.
    Which three till now, never kept seat in one.

106

When in the chronicle of wasted time,
I see descriptions of the fairest wights,
And beauty making beautiful old rhyme,
In praise of ladies dead and lovely knights,
Then in the blazon of sweet beauty's best,
Of hand, of foot, of lip, of eye, of brow,
I see their antique pen would have expressed,
Even such a beauty as you master now.
So all their praises are but prophecies
Of this our time, all you prefiguring,
And for they looked but with divining eyes,
They had not skill enough your worth to sing:
    For we which now behold these present days,
    Have eyes to wonder, but lack tongues to praise.

Ihr sollt mein Lieben nicht Abgötterei
und meinen Liebsten keinen Abgott nennen;
sagt nicht, daß ein Lied wie das andre sei
und alle nur den einen Namen kennen.
Wohlwollend ist mein Lieben, heut wie morgen,
auf wundersame Art unwandelbar,
darum muß auch mein Lied nichts Neues borgen
und wird stets bleiben, wie es immer war.
»Schön, gut und treu«, mehr muß ich nicht erklären,
»schön, gut und treu«, muß ich nur neu verbinden
und mein Erfindungsgeist muß sich bewähren
und dafür immer neue Formen finden.
  »Schön, gut und treu«, die drei war'n lang allein
  und konnten erst in dir vereinigt sein.

106

Die Überlief'rung aus verfloss'nen Tagen,
sie rühmt die Bilder ihrer schönsten Wesen
und preist in ihren wunderbaren Sagen
verstorbne Damen, Helden, die gewesen.
Und wenn sie von der schönsten Schönheit singen,
von Stirnen, Augen, Lippen und von Händen,
seh' ich vor mir, wie sie nach Worten ringen
für Schönheit, die sie heute lebend fänden.
So ist ihr Lob nur eine Prophezeiung
von unsrer Zeit, und alle meinen dich.
Doch ihnen fehlt die Kunst der echten Weihung,
da sie nur dämmernd sehen dein Gesicht.
  Selbst uns, die doch vor deinem Bilde stehen,
  versagt das Wort, doch unsre Augen sehen.

Not mine own fears, nor the prophetic soul,
Of the wide world, dreaming on things to come,
Can yet the lease of my true love control,
Supposed as forfeit to a confined doom.
The mortal moon hath her eclipse endured,
And the sad augurs mock their own presage,
Incertainties now crown themselves assured,
And peace proclaims olives of endless age.
Now with the drops of this most balmy time,
My love looks fresh, and death to me subscribes,
Since spite of him I'll live in this poor rhyme,
While he insults o'er dull and speechless tribes.
    And thou in this shalt find thy monument,
      When tyrants' crests and tombs of brass are spent.

What's in the brain that ink may character,
Which hath not figured to thee my true spirit,
What's new to speak, what now to register,
That may express my love, or thy dear merit?
Nothing sweet boy, but yet like prayers divine,
I must each day say o'er the very same,
Counting no old thing old, thou mine, I thine,
Even as when first I hallowed thy fair name.
So that eternal love in love's fresh case,
Weighs not the dust and injury of age,
Nor gives to necessary wrinkles place,
But makes antiquity for aye his page,
    Finding the first conceit of love there bred,
      Where time and outward form would show it dead.

Nicht meine Furcht ermißt und nicht der Traum
des weiten Weltgeists, der von Zukunft spricht,
der wahren Liebe unmeßbaren Raum,
als wär' sie nur ein Pfand fürs Schlußgericht.
Der Mond hat sterblich seine Nacht ertragen,
es spotten ihrer Lehre die Auguren,
die Ungewißheit will nun Kronen tragen,
der Fried' verspricht den Ölzweig von den Fluren.
Mir bleibt im Schwinden jener guten Zeit
die Liebe jung, und als des Tods Verächter
leb' ich durch dieses Lied in Ewigkeit,
wenn er verhöhnt die sprachlosen Geschlechter.
    Dich soll mein Vers noch rühmend überdauern,
    wenn Helme fallen und Tyrannenmauern.

Was ist im Hirn, das Federn schreiben können,
das ich nicht aufgeschrieben hätt' in Treue?
Was könnt' mit neuen Wörtern man benennen,
auf daß die Liebe sich durch Lob erneue?
Nichts, süßer Freund! Wie im Gebet das Amen
hab ich nur eine Litanei gekannt:
du mein, ich dein, seit ich um deinen Namen
zum erstenmal den Glorienschein dir wand.
Die ew'ge Liebe wird sich stets erneuen
und wird den Staub des Alters nicht beachten,
noch auch sich vor dem Netz der Falten scheuen,
vielmehr die Zeit sich zum Vasallen machen.
    Ihr Reich wird sie an jenem Ort errichten,
    an dem die Zeit sie suchte zu vernichten.

109

O never say that I was false of heart,
Though absence seemed my flame to qualify,
As easy might I from my self depart,
As from my soul which in thy breast doth lie:
That is my home of love, if I have ranged,
Like him that travels I return again,
Just to the time, not with the time exchanged,
So that my self bring water for my stain,
Never believe though in my nature reigned,
All frailties that besiege all kinds of blood,
That it could so preposterously be stained,
To leave for nothing all thy sum of good:
　　For nothing this wide universe I call,
　　Save thou my rose, in it thou art my all.

110

Alas 'tis true, I have gone here and there,
And made my self a motley to the view,
Gored mine own thoughts, sold cheap what is most dear,
Made old offences of affections new.
Most true it is that I have looked on truth
Askance and strangely: but by all above,
These blenches gave my heart another youth,
And worse essays proved thee my best of love.
Now all is done, have what shall have no end,
Mine appetite I never more will grind
On newer proof, to try an older friend,
A god in love, to whom I am confined.
　　Then give me welcome, next my heaven the best,
　　Even to thy pure and most most loving breast.

109

O sag nicht, daß ich falsch von Herzen war,
wenn ich, getrennt von dir, auch so erschien;
denn eher schied' ich von mir selbst, fürwahr,
als ich vermöchte, dir mich zu entziehn.
In dir bin ich daheim, war ich auch weit,
dem Wandrer gleich kehr' ich nach Haus,
verändert hat mich nicht die lange Zeit.
Ich bringe Wasser, lösch die Schuld mir aus.
O glaube nicht, auch wenn in meinem Blut
die Schwachheit oft die Überhand gewann,
daß ich so töricht all mein Hab und Gut
um nichts und wieder nichts vergeuden kann.
   Wo du nicht blühst, ist nichts, was mir gefällt.
   Du, meine Rose, bist für mich die Welt.

110

Ach, es ist wahr, viel hat's mich umgetrieben,
buntscheckig wollt' ich mich als Narr bekunden,
zerstörte und verpraßte, statt zu lieben,
und öffnete manch längst vernarbte Wunden.
Auch ist es wahr, daß ich mit scheelem Blick
die Wahrheit ansah; doch – beim Himmel droben! –
durch all die Irrsal fand mein Herz zurück
und lernte dich und deine Liebe loben.
Nun ist's vorbei, was ewig ist, besteht,
und niemals soll mich mehr die Lust verführen,
daß neue Laune mir den Kopf verdreht.
Den liebsten Freund will ich nie mehr verlieren.
   Zieh den Verlornen liebreich an die Brust,
   nur mehr im Himmel find' ich größre Lust.

111

O for my sake do you with Fortune chide,
The guilty goddess of my harmful deeds,
That did not better for my life provide,
Than public means which public manners breeds.
Thence comes it that my name receives a brand,
And almost thence my nature is subdued
To what it works in, like the dyer's hand:
Pity me then, and wish I were renewed,
Whilst like a willing patient I will drink
Potions of eisel 'gainst my strong infection,
No bitterness that I will bitter think,
Nor double penance to correct correction.
    Pity me then dear friend, and I assure ye,
    Even that your pity is enough to cure me.

112

Your love and pity doth th' impression fill,
Which vulgar scandal stamped upon my brow,
For what care I who calls me well or ill,
So you o'er-green my bad, my good allow?
You are my all the world, and I must strive,
To know my shames and praises from your tongue,
None else to me, nor I to none alive,
That my steeled sense or changes, right or wrong.
In so profound abysm I throw all care
Of others' voices, that my adder's sense,
To critic and to flatterer stoppéd are:
Mark how with my neglect I do dispense.
    You are so strongly in my purpose bred,
    That all the world besides methinks are dead.

Schilt du Fortuna nur um meinetwillen,
sie trägt die Schuld an dem, was mir mißraten,
sie fand nichts Bess'res, meine Not zu stillen,
als was das Volk zahlt für gemeine Taten.
Dadurch ist mir ein Schandmal eingebrannt,
und all mein Wesen ist von meinem Handeln
zutiefst gezeichnet wie des Färbers Hand.
Hab Mitleid drum und hilf mir, mich zu wandeln.
Ich werde wie ein Kranker Wermut trinken
und so mein Blut von der Vergiftung heilen,
die Bitternis wird mich nicht bitter dünken:
Ich will der Unzucht Züchtigung erteilen.
    Hab Mitleid, liebster Freund, und ich bekunde,
    daß ich allein durch Mitleid schon gesunde.

Durch Lieb' und Mitleid heiltest du das Mal,
das mir die Schande auf die Stirne drückte.
Was schert mich denn das Pöbel-Tribunal!
Du gabst das Gute, tilgtest das Mißglückte.
Du bist die Welt für mich und ich erkenne
allein dein Lob und deinen Tadel an,
weil ich sonst keinen meinen Richter nenne,
der Gut und Böse unterscheiden kann.
All meine Sorge mag zur Hölle fahren:
Ich will mein scheues Schlangenohr verschließen,
um es vor Lob und Tadel zu bewahren.
Willst du den Grund für die Verachtung wissen?
    Du bist mit meiner Seele so vereint,
    daß alle Welt mir wie gestorben scheint.

Since I left you, mine eye is in my mind,
And that which governs me to go about,
Doth part his function, and is partly blind,
Seems seeing, but effectually is out:
For it no form delivers to the heart
Of bird, of flower, or shape which it doth latch,
Of his quick objects hath the mind no part,
Nor his own vision holds what it doth catch:
For if it see the rud'st or gentlest sight,
The most sweet favour or deformed'st creature,
The mountain, or the sea, the day, or night:
The crow, or dove, it shapes them to your feature.
 Incapable of more, replete with you,
 My most true mind thus maketh mine untrue.

Or whether doth my mind being crowned with you
Drink up the monarch's plague this flattery?
Or whether shall I say mine eye saith true,
And that your love taught it this alchemy?
To make of monsters, and things indigest,
Such cherubins as your sweet self resemble,
Creating every bad a perfect best
As fast as objects to his beams assemble:
O 'tis the first, 'tis flattery in my seeing,
And my great mind most kingly drinks it up,
Mine eye well knows what with his gust is 'greeing,
And to his palate doth prepare the cup.
 If it be poisoned, 'tis the lesser sin,
 That mine eye loves it and doth first begin.

Seit du mir fern bist, blickt mein Aug nach innen,
und das Gesicht, das meine Wege findet,
erkennt die Welt nur mehr mit halben Sinnen:
Es scheint zu sehen und ist doch erblindet.
Es sendet keine Botschaft an mein Hirn
von Vögeln, Blumen oder andern Dingen;
kein Gegenstand dringt hinter meine Stirn,
was die Pupillen auch an Bildern fingen.
Was immer auch mein Aug erblicken mag,
ob süße Anmut oder Mißgestalt,
ob Tiere, Berge, Wasser, Nacht und Tag,
nach deinem Vorbild wird es abgemalt.
    Mein Geist kann außer dir nichts andres fassen
    und muß das Aug zum Lügner werden lassen.

Entweder schlürft, von dir bekrönt, mein Geist
die Pest des Herrschers ein, die Schmeichelei?
Oder ist's wahr, was mir das Aug beweist,
und deine Liebe lehrt es Zauberei,
daß es aus Ungeheuern und Lemuren
Erzengel schafft, die dir in allem gleichen,
und Gutes zeugt aus niedrigsten Naturen,
kaum daß darüberhin die Blicke streifen?
Das erste ist's: des Schmeichlers Honigseim,
den mein Gemüt so wie ein König trinkt.
Mein Aug kennt dessen Durst und insgeheim
mischt es den Trank, so daß der Trug gelingt.
    Ist Gift im Becher, ist die Sünde klein,
    denn mein Gemüt will gern betrogen sein.

115

Those lines that I before have writ do lie,
Even those that said I could not love you dearer,
Yet then my judgement knew no reason why,
My most full flame should afterwards burn clearer,
But reckoning time, whose millioned accidents
Creep in 'twixt vows, and change decrees of kings,
Tan sacred beauty, blunt the sharp'st intents,
Divert strong minds to the course of alt'ring things:
Alas why fearing of time's tyranny,
Might I not then say 'Now I love you best,'
When I was certain o'er incertainty,
Crowning the present, doubting of the rest?
    Love is a babe, then might I not say so
    To give full growth to that which still doth grow.

116

Let me not to the marriage of true minds
Admit impediments, Love is not love
Which alters when it alteration finds,
Or bends with the remover to remove.
O no, it is an ever-fixéd mark
That looks on tempests and is never shaken;
It is the star to every wand'ring bark,
Whose worth's unknown, although his height be taken.
Love's not Time's fool, though rosy lips and cheeks
Within his bending sickle's compass come,
Love alters not with his brief hours and weeks,
But bears it out even to the edge of doom:
    If this be error and upon me proved,
    I never writ, nor no man ever loved.

115

Was ich bisher schrieb, muß ich Lüge nennen,
auch daß ich nicht vermöchte, mehr zu lieben.
Ich konnte damals noch nicht recht erkennen,
daß stets aus Flammen neue Funken stieben.
Bedenk ich, wie millionenfach die Zeit
die Eide bricht und selbst des Königs Schwur,
die Schönheit farblos macht und stumpf die Schneid'
und starke Geister lenkt auf falsche Spur,
warum sollt ich in Angst vor ihrer Macht
nicht sagen dürfen: Mehr kann ich nicht lieben,
als ich Gewißheit fand im Meer der Nacht,
das Heute klar vor mir, den Rest im Trüben?
    Die Liebe ist ein Kind, und darum irrt,
    wer das schon groß nennt, was noch wachsen wird.

116

Ich will der wahren Neigung Hindernisse
nicht zugestehn! Lieb' ist nicht Liebe wert,
die, wo sie Wandel sieht, sich wandeln ließe
und sich zurückzieht, wenn man ihr verwehrt.
O nein! Sie ist ein aufgerichtet' Zeichen,
das Stürmen zusieht, ewig unbewegt:
verirrten Booten als ein Stern, es reichen
die Maße nicht, an ihren Wert gelegt.
Die Liebe ist kein Narr der Zeit. Die runden,
blutvollen Lippen mag sie niedermähen,
doch Liebe wechselt nicht in Tag und Stunden,
sie überdauert, wenn die Zeiten gehen.
    Wenn dies als Trugbild sich an mir erweist,
    dann weiß kein Sterblicher, was Lieben heißt.

117

Accuse me thus, that I have scanted all,
Wherein I should your great deserts repay,
Forgot upon your dearest love to call,
Wherto all bonds do tie me day by day,
That I have frequent been with unknown minds,
And given to time your own dear-purchased right,
That I have hoisted sail to all the winds
Which should transport me farthest from your sight.
Book both my wilfulness and errors down,
And on just proof surmise, accumulate,
Bring me within the level of your frown,
But shoot not at me in your wakened hate:
    Since my appeal says I did strive to prove
    The constancy and virtue of your love.

118

Like as to make our appetite more keen
With eager compounds we our palate urge,
As to prevent our maladies unseen,
We sicken to shun sickness when we purge.
Even so being full of your ne'er-cloying sweetness,
To bitter sauces did I frame my feeding;
And sick of welfare found a kind of meetness,
To be diseased ere that there was true needing.
Thus policy in love t' anticipate
The ills that were not, grew to faults assured,
And brought to medicine a healthful state
Which rank of goodness would by ill be cured.
    But thence I learn and find the lesson true,
    Drugs poison him that so fell sick of you.

117

Verklage mich, daß ich zu karg bemesse
den Dank, der dir nach deinem Wert gebührt,
daß ich zu leicht auf deine Lieb' vergesse,
an die tagtäglich neue Schuld mich schnürt,
daß ich zuviel mit Fremden mich befasse
und dir verweig're die versprochne Pflicht,
und jedem Wind das Segel überlasse,
das mich davonführt weit aus deiner Sicht.
Schreib nieder, was ich recht und falsch getan,
um deinen Argwohn durch Beweis zu nähren,
sieh mich mit strengem Blick als Richter an,
doch laß nicht deinen blinden Haß gewähren.
    Denn dies geschah – und hier liegt meine Schuld –
    als Prüfung deiner Liebe und Geduld.

118

Wie wir, um unsern Appetit zu mehren,
den Gaumen reizen mit gewürzten Bissen
und, um verborgne Krankheit abzuwehren,
durch Kuren uns dagegen wappnen müssen,
so, voll und doch nicht satt von deiner Süße,
hab ich mit bittern Säften mich genährt
und sucht' im Überdrusse der Genüsse
ein Mittel, das Erleichterung gewährt.
Durch solche List, um Liebespein zu lindern,
die ich nicht fühlte, zog ich Schmerz herbei
und wollte so mein Wohlergeh'n vermindern,
als wär' der Kummer meines Glücks Arznei.
    So bin zu dieser Einsicht ich gekommen:
    Wer deiner leid ist, der hat Gift genommen.

119

What potions have I drunk of Siren tears
Distilled from limbecks foul as hell within,
Applying fears to hopes, and hopes to fears,
Still losing when I saw myself to win!
What wretched errors hath my heart committed
Whilst it hath thought itself so blesséd never!
How have mine eyes out of their spheres been fitted
In the distraction of this madding fever!
O benefit of ill, now I find true
That better is, by evil still made better.
And ruined love when it is built anew
Grows fairer than at first, more strong, far greater.
   So I return rebuked to my content,
    And gain by ills thrice more than I have spent.

120

That you were once unkind befriends me now,
And for that sorrow which I then did feel,
Needs must I under my transgression bow,
Unless my nerves were brass or hammered steel.
For if you were by my unkindness shaken
As I by yours, y'have past a hell of time,
And I a tyrant have no leisure taken
To weigh how once I suffered in your crime.
O that our night of woe might have remembered
My deepest sense, how hard true sorrow hits,
And soon to you, as you to me then tendered
The humble salve, which wounded bosoms fits!
   But that your trespass now becomes a fee,
    Mine ransoms yours, and yours must ransom me.

119

Trank ich Sirenentränen als Arznei,
in Tiegeln heiß zu Höllengift vergoren,
und mischte Furcht und Hoffnung in den Brei?
Doch wer zu siegen hofft, hat schon verloren.
Wie hat mein armes Herz sich doch verirrt,
da es sich glücklich wähnte wie noch nie,
wie haben meine Augen sich verwirrt
durch dieses Fieberwahnes Alchemie!
So nützt das Böse. Und ein jeder sieht:
geheilt vom Übel wird das Gute besser.
Wenn eine tote Liebe neu erblüht,
so blüht sie schöner als zuvor und größer.
  Durch Leid gestärkt kehr' ich zurück ins Leben
  und habe mehr gewonnen als gegeben.

120

Daß du mich einst gekränkt hast, hilft mir nun,
und für den Schmerz, den damals ich empfand,
muß ich als Schuldiger Abbitte tun,
denn meine Nerven sind kein stählern' Band.
Hat meine Kränkung dir so weh getan
wie deine mir, so hast du schwer gebüßt,
und ich erwies mich darin als Tyrann,
daß ich mich nicht entsann, was Leiden ist.
Ach, hätt' ich mich erinnert meiner Schmerzen
und im Gemüt dein wahres Leid empfunden
und, so wie du einst Tröstung meinem Herzen,
auch Balsam dir gebracht für deine Wunden!
  So wird nun dein Vergeh'n mein Lösegeld,
  weil deine Schuld soviel wie meine zählt.

121

'Tis better to be vile than vile esteemed,
When not to be, receives reproach of being,
And the just pleasure lost, which is so deemed,
Not by our feeling, but by others' seeing.
For why should others' false adulterate eyes
Give salutation to my sportive blood?
Or on my frailties why are frailer spies,
Which in their wills count bad what I think good?
No, I am that I am, and they that level
At my abuses, reckon up their own,
I may be straight though they themselves be bevel;
By their rank thoughts my deeds must not be shown
    Unless this general evil they maintain,
      All men are bad and in their badness reign.

122

Thy gift, thy tables, are within my brain
Full charactered with lasting memory,
Which shall above that idle rank remain
Beyond all date, even to eternity.
Or at the least so long as brain and heart
Have faculty by nature to subsist,
Till each to razed oblivion yield his part
Of thee, thy record never can be missed:
That poor retention could not so much hold,
Nor need I tallies thy dear love to score,
Therefore to give them from me was I bold,
To trust those tables that receive thee more:
    To keep an adjunct to remember thee
      Were to import forgetfulness in me.

121

's ist besser schlecht zu sein als schlecht zu gelten,
wenn einer recht tut und wird doch gescholten.
Was hat er vom Vergnügen, das sie schelten
und das ihm nichts und ihnen viel gegolten?
Warum denn sollten listig falsche Blicke
mein rasches Blut durch Augenzwinkern grüßen?
Ward meine Schwäche Opfer ihrer Tücke,
wenn sie das, was ich gut fand, böse hießen?
Nein, ich bin, was ich bin. Sie aber stellen
in meinen Fehlern ihre eignen dar.
Bin ich ein Mann, so sind sie Spießgesellen,
ihr Denken stinkt, mein Tun ist rein und klar.
    Es sei denn, daß die Lüge recht behält,
    nach der das Böse herrscht auf dieser Welt.

122

Die Tafeln, dein Geschenk, trag ich in mir,
in ihnen ist Erinn'rung eingeschrieben,
die länger währen soll als eitle Zier,
auch dann noch, wenn sonst nichts geblieben.
So lang, als Herz und Hirn in Menschen leben
und unverfälscht die Zeiten überdauern,
bis endlich sie sich dem Zerfall ergeben,
so lang soll man um dein Gedenken trauern.
Mein armes Herz konnt' alles nicht umfassen,
auch wollt' ich's nicht in einen Kerbstock schneiden,
drum hab' ich die Erinn'rung graben lassen
in diese Tafeln. War das unbescheiden?
    Denn hätt' ich fremde Hilfe angenommen,
    wär' das Vergessen über mich gekommen.

123

No! Time, thou shalt not boast that I do change,
Thy pyramids built up with newer might
To me are nothing novel, nothing strange,
They are but dressings of a former sight:
Our dates are brief, and therefore we admire,
What thou dost foist upon us that is old,
And rather make them born to our desire,
Than think that we before have heard them told:
Thy registers and thee I both defy,
Not wond'ring at the present, nor the past,
For thy records, and what we see doth lie,
Made more or less by thy continual haste:
    This I do vow and this shall ever be,
    I will be true despite thy scythe and thee.

124

If my dear love were but the child of state,
It might for Fortune's bastard be unfathered,
As subject to time's love or to time's hate,
Weeds among weeds, or flowers with flowers gathered.
No it was builded far from accident,
It suffers not in smiling pomp, nor falls
Under the blow of thrallèd discontent,
Whereto th' inviting time our fashion calls:
It fears not policy that heretic,
Which works on leases of short-numbered hours,
But all alone stands hugely politic,
That it nor grows with heat, nor drowns with showers.
    To this I witness call the fools of time,
    Which die for goodness, who have lived for crime.

123

Meiner Verändrung sollst du dich nicht rühmen,
o Zeit, die aufgetürmten Pyramiden
sind mir nicht fremd und neu, in den Kostümen
verkleidest du das Alte nur verschieden.
Wir leben kurz, drum müssen wir verehren,
was du versuchst als alt uns einzureden,
und denken, es sei da, weil wir's begehren,
obwohl es längst vorhanden war für jeden.
Ich laß mich nicht von deinem Maß betrügen,
mißachte Zukunft und Vergangenheit,
denn deine Bilder und Berichte lügen.
Sie sind verfälscht von deiner Hastigkeit.
    Ich werde treu sein, das will ich geloben,
    magst du mit deiner Sense noch so toben.

124

Wär' meine Liebe vom Prestige gezeugt,
müßt' sie als vaterloser Bastard gelten,
sie hätt' Fortunas Launen sich gebeugt,
die einmal Unkraut, einmal Blumen wählten.
Nein, sie hat nichts dem Zufall zu verdanken,
sie lächelt nicht gequält im Kleid der Pracht,
gerät vom Schlag des Unmuts nicht ins Wanken
und gibt auf Zeit und Moden wenig acht.
Sie fürchtet nicht der Klugheit Ketzerei,
die nur für kurze Zeit zu Diensten steht,
sie widersetzt sich jeder Tyrannei,
weil sie auf Wunsch nicht wächst noch untergeht.
    Das sollen mir die Narr'n der Zeit bezeugen,
    die lebend trotzen und sich sterbend beugen.

125

Were't aught to me I bore the canopy,
With my extern the outward honouring,
Or laid great bases for eternity
Which proves more short than waste or ruining?
Have I not seen dwellers on form and favour
Lose all and more by paying too much rent
For compound sweet; forgoing simple savour,
Pitiful thrivers in their gazing spent?
No, let me be obsequious in thy heart,
And take thou my oblation, poor but free,
Which is not mixed with seconds, knows no art,
But mutual render, only me for thee.
   Hence, thou suborned informer, a true soul
   When most impeached, stands least in thy control.

126

O thou my lovely boy who in thy power,
Dost hold Time's fickle glass, his fickle-hour:
Who hast by waning grown, and therein show'st
Thy lovers withering, as thy sweet self grow'st.
If Nature (sovereign mistress over wrack)
As thou goest onwards still will pluck thee back,
She keeps thee to this purpose, that her skill
May time disgrace, and wretched minutes kill.
Yet fear her, O thou minion of her pleasure,
She may detain, but not still keep her treasure!
   Her audit (though delayed) answered must be,
   And her quietus is to render thee.

Was lag mir dran, daß ich den Baldachin
zu tragen half, um so den Schein zu wahren?
Legt' ich den Grundstein in die Erde hin
für eine Ewigkeit von ein paar Jahren?
Sah ich nicht die, die sich den Schein nur leihen,
ihr Gut verlieren durch zu hohen Zins?
Sie tauschten schlichte Kost mit Leckereien
und freuten sich nicht lange des Gewinns.
Nein, laß im Herzen mich dein Diener sein!
Arm ist, was ich für dich geopfert habe.
Ich gab mich selbst, frei, unverfälscht und rein,
und bitt' im Tausch um dich als Gegengabe.
    Hinweg, Verleumder! Du kannst Treu mit Lügen
    zwar falsch verklagen, aber nicht besiegen.

126

Du, Herzensknabe, hast in deine Macht
die Sichel und das Stundenglas gebracht;
du blühst im Welken, und wer dich begehrt,
wird krank durch Liebe, du bleibst unversehrt.
Natur bestimmt das Unglück und das Glück
und zieht, wenn du vorangehst, dich zurück.
So dienst du nun dem Zweck, daß ihre Macht
die Langweil' tötet und die Zeit verlacht.
Läßt sie dich auch als ihren Günstling schalten,
sie kann den Schatz nur hüten, nicht behalten.
    Und muß am End' die Rechnung sie begleichen,
    wird dich der Tod in seinen Beutel streichen.

In the old age black was not counted fair,
Or if it were it bore not beauty's name:
But now is black beauty's successive heir,
And beauty slandered with a bastard shame,
For since each hand hath put on nature's power,
Fairing the foul with art's false borrowed face,
Sweet beauty hath no name no holy bower,
But is profaned, if not lives in disgrace.
Therefore my mistress' eyes are raven black,
Her eyes so suited, and they mourners seem,
At such who not born fair no beauty lack,
Slandering creation with a false esteem,
    Yet so they mourn becoming of their woe,
    That every tongue says beauty should look so.

How oft, when thou, my music, music play'st
Upon that blessèd wood whose motion sounds
With thy sweet fingers when thou gently sway'st
The wiry concord that mine ear confounds,
Do I envy those jacks that nimble leap,
To kiss the tender inward of thy hand,
Whilst my poor lips which should that harvest reap,
At the wood's boldness by thee blushing stand.
To be so tickled they would change their state
And situation with those dancing chips,
O'er whom thy fingers walk with gentle gait,
Making dead wood more blest than living lips,
    Since saucy jacks so happy are in this,
    Give them thy fingers, me thy lips to kiss.

127

Die schwarze Farb' galt nichts in frühern Tagen,
und war sie schön, wurd' es nicht anerkannt.
Doch nun wird ihr das Erbrecht übertragen
und Schönheit wird ein Bastardkind genannt.
Denn seit sich jeder Stümper Schöpfer nennt
und mit geborgter Kunst das Faule schmückt,
hat süße Schönheit nichts mehr, das sie trennt
von der Gemeinheit, und wird unterdrückt.
Drum sind der Liebsten Augen schwarz wie Nacht,
aus dunklen Wimpern blickt sie traurig drein,
auf alle, die mit falscher blonder Pracht,
betrügen die Natur durch bloßen Schein.
    Doch strahlt ihr Aug im Trauerglanz so rein,
    daß jeder sagt: So muß die Schönheit sein.

128

Du bist Musik für mich, und wenn du spielst
auf jenem Instrument, das durch Berührung klingt,
und Töne von den Fingern tropfen fühlst,
so daß mein Ohr die Harmonien trinkt,
beneid' ich jede Taste, die sich rührt,
das süße Innre deiner Hand zu küssen.
Mein armer Mund, dem diese Gunst gebührt,
hat sich vor Neid darum ganz wund gebissen.
Er tanzte gern an Stelle jener Tasten,
die soviel Zärtlichkeit von dir erfahren,
wenn deine Finger darauf gehn und rasten,
daß froher sie als warme Lippen waren.
    Ist freches Holz so glücklich ohne Grund,
    laß ihm die Hände, doch gib mir den Mund.

129

Th' expense of spirit in a waste of shame
Is lust in action, and till action, lust
Is perjured, murd'rous, bloody full of blame,
Savage, extreme, rude, cruel, not to trust,
Enjoyed no sooner but despised straight,
Past reason hunted, and no sooner had
Past reason hated as a swallowed bait,
On purpose laid to make the taker mad.
Mad in pursuit and in possession so,
Had, having, and in quest, to have extreme,
A bliss in proof and proved, a very woe,
Before a joy proposed behind a dream.
   All this the world well knows yet none knows well
    To shun the heaven that leads men to this hell

130

My mistress' eyes are nothing like the sun,
Coral is far more red, than her lips' red.
If snow be white, why then her breasts are dun:
If hairs be wires, black wires grow on her head:
I have seen roses damasked, red and white,
But no such roses see I in her cheeks,
And in some perfumes is there more delight,
Than in the breath that from my mistress reeks.
I love to hear her speak, yet well I know,
That music hath a far more pleasing sound:
I grant I never saw a goddess go,
My mistress when she walks treads on the ground.
   And yet by heaven I think my love as rare,
    As any she belied with false compare.

129

Preisgab' des Geists im Hurenhaus der Schand'
ist Lust in voller Tat, doch eh' sie zahlt,
schwört Meineid sie mit blutbefleckter Hand,
die Lust ist wild, roh, grausam, mißgestalt.
Was gestern man genoß, verwirft man heute.
Sinnlose Jagd, kaum ist das Wild umringt,
sinnloser Haß auf die geschlagne Beute.
Der Köder macht den toll, der ihn verschlingt.
Toll in der Hetzjagd, toll in Gier und Fraß,
in Sucht und im Besitz gleich blind,
zuerst Genuß, dann Qualen ohne Maß,
ein Hoffnungsglück, das als ein Traum zerrinnt.
    Das alles kennt die Welt, doch keiner flieht
    den Himmel, der ihn in die Hölle zieht.

130

Der Liebsten Blick kommt nicht der Sonne gleich,
ihr Mund nicht der Koralle, dem Granat;
wenn weiß der Schnee ist, ist ihr Busen bleich,
ihr Haargespinst erscheint wie schwarzer Draht.
Ich hab' Damaskusrosen weiß und rot gesehen,
die sah ich nie auf ihrer Wang' so bunt,
und es gibt Düfte, die viel süßer wehen
als je der Hauch von meiner Liebsten Mund.
Ich hör' sie gerne reden, doch ich weiß,
Musik ist für das Ohr noch mehr Genuß.
Gewiß schwebt eine Göttin leicht und leis',
doch meine Liebste nicht: Sie geht zu Fuß.
    Und doch ist meine Lieb' ein größres Wunder
    als jede, die sich schmückt mit falschem Plunder.

131

Thou art as tyrannous, so as thou art
As those whose beauties proudly make them cruel;
For well thou know'st to my dear doting heart
Thou art the fairest and most precious jewel.
Yet in good faith some say that thee behold,
Thy face hath not the power to make love groan;
To say they err, I dare not be so bold,
Although I swear it to my self alone.
And to be sure that is not false I swear,
A thousand groans but thinking on thy face,
One on another's neck do witness bear
Thy black is fairest in my judgement's place.
    In nothing art thou black save in thy deeds,
    And thence this slander as I think proceeds.

132

Thine eyes I love, and they as pitying me,
Knowing thy heart torment me with disdain,
Have put on black, and loving mourners be,
Looking with pretty ruth upon my pain.
And truly not the morning sun of heaven
Better becomes the grey cheeks of the east,
Nor that full star that ushers in the even
Doth half that glory to the sober west
As those two mourning eyes become thy face:
O let it then as well beseem thy heart
To mourn for me since mourning doth thee grace,
And suit thy pity like in every part.
    Then will I swear beauty herself is black,
    And all they foul that thy complexion lack.

131

Du bist tyrannisch, Liebste, so wie jene,
die durch den Stolz der Schönheit grausam werden.
Du weißt recht gut, daß ich mich nach dir sehne
mehr als nach allen Schätzen hier auf Erden.
Doch, im Vertrau'n, ich hörte Leute sagen,
dein Blick könnt' keinen Seufzer je erzwingen.
Sie falsch zu nennen, würde ich nicht wagen,
doch schwor ich mir, bei mir soll's dir gelingen.
Zur Sicherheit, daß ich nicht falsch geschworen,
dacht' ich an dich und seufzte tausendmal.
Soviele Zeugen hab ich mir erkoren,
daß Schwarz so schön ist wie ein Sonnenstrahl.
    An dir sind nur die Taten schwarz erschienen.
    Wirst du verleumdet, liegt's allein an ihnen.

132

Ich liebe deine Augen, und die fühlen,
daß mich dein Herz nur mit Verachtung straft.
Sie schauen traurig dunkel, doch sie spielen
nur Mitgefühl mit meiner Leidenschaft.
Ja, selbst die goldne Morgensonne breitet
nicht soviel Glanz auf Ostens graue Wangen,
der Stern, der sacht die Nacht heraufgeleitet,
macht halb so silbern nicht den Westen prangen
wie deiner Augen Schwermut dies Gesicht.
Laß, wenn dich Trauer so verzaubern kann,
dein Herz auch um mich trauern, so daß nicht
dein Blick nur schön ist durch des Mitleids Bann.
    Daß Schönheit schwarz ist, will ich dann beschwören.
    Wer dir nicht gleicht, kann mich nie mehr betören.

133

Beshrew that heart that makes my heart to groan
For that deep wound it gives my friend and me;
Is't not enough to torture me alone,
But slave to slavery my sweet'st friend must be?
Me from my self thy cruel eye hath taken,
And my next self thou harder hast engrossed,
Of him, my self, and thee I am forsaken,
A torment thrice three-fold thus to be crossed:
Prison my heart in thy steel bosom's ward,
But then my friend's heart let my poor heart bail,
Whoe'er keeps me, let my heart be his guard,
Thou canst not then use rigour in my gaol.
    And yet thou wilt, for I, being pent in thee,
    Perforce am thine and all that is in me.

134

So now I have confessed that he is thine,
And I myself am mortgaged to thy will,
Myself I'll forfeit, so that other mine,
Thou wilt restore to be my comfort still:
But thou wilt not, nor he will not be free,
For thou art covetous, and he is kind,
He learned but surety-like to write for me,
Under that bond that him as fast doth bind.
The statute of thy beauty thou wilt take,
Thou usurer that put'st forth all to use,
And sue a friend, came debtor for my sake,
So him I lose through my unkind abuse.
    Him have I lost, thou hast both him and me,
    He pays the whole, and yet am I not free.

133

Vermaledeit das Herz, durch das ich leide!
Dieselbe Wunde fügt dem Freund es bei.
's ist nicht genug, daß es an mir sich weide,
auch ihn, den Freund, zwingt es in Sklaverei.
Dein Aug hat grausam mich mir selbst entrissen,
und auch mein zweites Ich hast du geraubt.
Nun muß ich ihn und mich und dich vermissen.
Drei Qualen treffen dreifach auf mein Haupt.
Begrab mein Herz im Kerker deiner Brust,
doch laß es für das Herz des Freundes bürgen.
Ich wach' für dich, wenn du ihn fesseln mußt,
doch darfst du im Gefängnis ihn nicht würgen.
    Du übst Gewalt. Ich bin in deiner Macht,
    und was in mir ist, wird von dir bewacht.

134

Nun hab ich es gestanden: Er ist dein,
und darum bin auch ich in deiner Hand.
Er ist mein Trost, und um ihn zu befrein,
biet' ich mich selbst als ein verlor'nes Pfand.
Du lehnst es ab, und er, er möchte bleiben.
Habgierig bist du, er ist sanft und gut.
Er muß für mich als Bürge unterschreiben,
denn deine Zügel schneiden ihn ins Blut.
Zum Richter setzt du deine Schönheit ein,
denn alles soll dir Wucherzinsen bringen,
und willst den Bürgen meiner Schulden zeihn,
so fängst du ihn mit meinen eignen Schlingen.
    Verloren hab ich ihn. Du hast nun zwei.
    Er zahlt allein, und ich bin doch nicht frei.

135

Whoever hath her wish, thou hast thy will,
And 'Will' to boot, and 'Will' in over-plus,
More than enough am I that vex thee still,
To thy sweet will making addition thus.
Wilt thou whose will is large and spacious,
Not once vouchsafe to hide my will in thine?
Shall will in others seem right gracious,
And in my will no fair acceptance shine?
The sea all water, yet receives rain still,
And in abundance addeth to his store,
So thou being rich in will add to thy will
One will of mine to make thy large will more.
    Let no unkind, no fair beseechers kill;
      Think all but one, and me in that one 'Will.'

136

If thy soul check thee that I come so near,
Swear to thy blind soul that I was thy 'Will',
And will thy soul knows is admitted there,
Thus far for love, my love-suit sweet fulfil.
'Will', will fulfil the treasure of thy love,
Ay, fill it full with wills, and my will one,
In things of great receipt with ease we prove,
Among a number one is reckoned none.
Then in the number let me pass untold,
Though in thy store's account I one must be,
For nothing hold me, so it please thee hold,
That nothing me, a something sweet to thee.
    Make but my name thy love, and love that still,
      And then thou lov'st me for my name is Will.

135

Was anderen ihr Wunsch, ist dir dein Wille,
und wo ein Will ist, kommt ein Will dazu.
Das wäre schon genug, doch ich erfülle
den süßen Willen dir und geb' nicht Ruh.
Da nun dein Will so weit und willig ist,
geruh auch meinen Will drin zu empfangen,
wenn du den andern recht und billig bist,
so laß auch meinen Will zum Ziel gelangen.
Naß ist das Meer, in das der Regen quillt,
mit allem Überfluß kann er's nicht füllen.
Kein Wille hat den deinen je gestillt,
so wird er auch nicht voll von meinem Willen.
Sag mir nicht nein, ich bitt' dich, schweige still,
denk nur an eins, dann fühlst du meinen Will.

136

Wenn deine Seele schilt, ich käm' zu nah,
dann schwör dem blinden Ding, ich sei dein Wille,
und der ist hier zu Haus, das weiß sie ja.
Du aber sorg, daß sich mein Sehnen stille.
Dein Will will dir den Schatz der Liebe mehren,
von vielen Willen ist mein Will der eine.
Bei großen Summen, sagen weise Lehren,
ist eine Zahl genausoviel wie keine.
Laß mich bei all den Zahlen ungezählt,
obwohl du immer auf mich zählen kannst;
sieh mich für nichts an, wenn es dir gefällt,
bis daß du dieses Nichts recht lieb gewannst.
Lieb meinen Namen ohne Widerwill',
dann liebst du mich, denn ich – ich heiße Will.

137

Thou blind fool Love, what dost thou to mine eyes,
That they behold and see not what they see?
They know what beauty is, see where it lies,
Yet what the best is take the worst to be.
If eyes corrupt by over-partial looks,
Be anchored in the bay where all men ride,
Why of eyes' falsehood hast thou forgéd hooks,
Whereto the judgement of my heart is tied?
Why should my heart think that a several plot,
Which my heart knows the wide world's common place?
Or mine eyes seeing this, say this is not,
To put fair truth upon so soul a face?
    In things right true my heart and eyes have erred,
    And to this false plague are they now transferred.

138

When my love swears that she is made of truth,
I do believe her though I know she lies,
That she might think me some untutored youth,
Unlearnéd in the world's false subtleties.
Thus vainly thinking that she thinks me young,
Although she knows my days are past the best,
Simply I credit her false-speaking tongue,
On both sides thus is simple truth suppressed:
But wherefore says she not she is unjust?
And wherefore say not I that I am old?
O love's best habit is in seeming trust,
And age in love, loves not to have years told.
    Therefore I lie with her, and she with me,
    And in our faults by lies we flattered be.

137

Was tust du, Liebesgott, du blinder Fant,
daß meine Augen sehn und nicht erkennen?
Was schön ist, das ist ihnen wohl bekannt,
doch Gut und Böse können sie nicht trennen.
Wenn die vom Vorurteil getrübten Augen
vor Anker geh'n in überfüllter Bucht,
muß ihre Falschheit dir zu Haken taugen,
womit sie mir das Herz zu fangen sucht.
Glaubt denn mein Herz, ihm könnt' ein Grundstück eignen,
das als Gemeinplatz aller Welt gehört?
Und können meine Augen sehn und leugnen,
daß Wahrheit auf ein falsches Antlitz schwört?
Mein Herz und meine Augen sind verwirrt,
die Lügenpest hat sie im Kreis geführt.

138

Wenn meine Liebste schwört, sie wäre ohne Schuld,
so glaub' ich ihr, wenn ich auch weiß, sie lügt,
daß sie für jung mich hält, für ungeschult
und ohne Ahnung, wie die Welt betrügt.
Ich sage mir: Sie wähnt mich unerfahren,
und glaub' ganz schlicht, was immer sie mir sagt,
obwohl sie weiß, wie müd ich bin von Jahren,
und keiner ringsum nach der Wahrheit fragt.
Warum verhehlt sie ihre Schlechtigkeit?
Warum gesteh' ich nicht mein Alter ein?
Die Schönheit ist der Liebe liebstes Kleid,
und wer verliebt ist, will nicht älter sein.
    Drum füttern wir einander nur mit Lügen
    und finden selbst an Fehlern noch Vergnügen.

139

O call not me to justify the wrong,
That thy unkindness lays upon my heart,
Wound me not with thine eye but with thy tongue,
Use power with power, and slay me not by art,
Tell me thou lov'st elsewhere; but in my sight,
Dear heart forbear to glance thine eye aside,
What need'st thou wound with cunning when thy might
Is more than my o'erpressed defence can bide?
Let me excuse thee, ah my love well knows,
Her pretty looks have been mine enemies,
And therefore from my face she turns my foes
That they elsewhere might dart their injuries:
    Yet do not so; but since I am near slain,
    Kill me outright with looks, and rid my pain.

140

Be wise as thou art cruel, do not press
My tongue-tied patience with too much disdain:
Lest sorrow lend me words and words express
The manner of my pity-wanting pain.
If I might teach thee wit better it were,
Though not to love, yet love to tell me so,
As testy sick men when their deaths be near,
No news but health from their physicians know.
For if I should despair I should grow mad,
And in my madness might speak ill of thee,
Now this ill-wresting world is grown so bad,
Mad slanderers by mad ears believéd be.
    That I may not be so, not thou belied,
    Bear thine eyes straight, though thy proud heart go wide.

139

Oh, bitt mich nicht, die Falschheit gutzuheißen,
die mir dein Unmut in die Seele gießt!
Statt Blicken laß dein Wort mein Herz zerreißen,
nütz deine Macht und schlag mich nicht mit List!
Sag, daß du einen andern liebst, gesteh,
mein Herz, und weich nicht vor mir aus mit Blicken.
Verwund mich nicht mit List, du weißt seit je,
wie leicht's dir fällt, mein Sträuben zu ersticken.
Ich will dein Fürsprech sein: die Liebe spürt,
daß ihre schönen Augen meine Gegner sind;
wenn sie den Feind mir aus dem Wege führt,
sucht sie, daß er ein andres Opfer find't.
    Wend sie nicht ab! Ich bin schon halb erschlagen.
    Töt mich mit Blicken ganz und end die Plagen!

140

Sei auch so weise, wie du grausam bist,
verachte nicht zu sehr mein stilles Dulden.
Wer weiß, ob nicht mein Gram imstande ist
und nennt die Gründe, die mein Leid verschulden.
Fragst du nach klugem Rat, würd' ich empfehlen,
Gefühl zu heucheln, statt es zu empfinden,
wie Ärzte einem kranken Mann verhehlen,
wie nah der Tod ist, und ihm Hoffnung künden.
Wenn ich verzweifeln müßte, würd' ich toll
und könnt' im Wahnsinn Böses von dir sagen.
Die Welt ist von verrückten Ohren voll,
die glauben dem Verrückten seine Klagen.
    Daß ich nicht toll werd' und Verleumdung übe,
    blick fest auf mich, suchst du auch fremde Liebe.

141

In faith I do not love thee with mine eyes,
For they in thee a thousand errors note,
But 'tis my heart that loves what they despise,
Who in despite of view is pleased to dote.
Nor are mine ears with thy tongue's tune delighted,
Nor tender feeling to base touches prone,
Nor taste, nor smell, desire to be invited
To any sensual feast with thee alone:
But my five wits, nor my five senses can
Dissuade one foolish heart from serving thee,
Who leaves unswayed the likeness of a man,
Thy proud heart's slave and vassal wretch to be:
    Only my plague thus far I count my gain,
    That she that makes me sin, awards me pain.

142

Love is my sin, and thy dear virtue hate,
Hate of my sin, grounded on sinful loving,
O but with mine, compare thou thine own state,
And thou shalt find it merits not reproving,
Or if it do, not from those lips of thine,
That have profaned their scarlet ornaments,
And sealed false bonds of love as oft as mine,
Robbed others' beds' revenues of their rents.
Be it lawful I love thee as thou lov'st those,
Whom thine eyes woo as mine importune thee,
Root pity in thy heart that when it grows,
Thy pity may deserve to pitied be.
    If thou dost seek to have what thou dost hide,
    By self-example mayst thou be denied!

141

Auf Ehr, ich lieb dich nicht mit meinen Blicken;
die nehmen tausend Fehler an dir wahr.
Es ist mein Herz, das liebt. Und sein Entzücken
ist blind und blindlings unberechenbar.
Gefall'n an deiner Stimme müßt' ich heucheln,
mein Zartgefühl sträubt sich vor deinen Händen.
Was sonst an dir sollt' Nas' und Gaumen schmeicheln,
daß sie bei dir noch Sinnenlust empfänden?
Fünf guten Gründen und fünf klaren Sinnen
gelingt es nicht, ein Herz zu überzeugen,
das nichts bewahren will und nichts gewinnen,
um sich als Sklave in dein Joch zu beugen.
  Und die mich zwingt, in solcher Schuld zu leben,
  hat mir als zum Lohn dafür nur Qual gegeben.

142

Lieb' ist mein Laster, deine Tugend Hassen.
Verhaßt ist dir mein Laster, meine Liebe.
Wenn die Gefühle sich vergleichen lassen,
gäb's wenig, was an mir zu tadeln bliebe.
Du jedenfalls, du solltest mich nicht schmähen
mit Lippen, die ihr Scharlachrot entweihten,
um falsche Liebesschwüre auszusäen
und fremder Betten Zins in dein's zu leiten.
Laß mich dich lieben, wie du jene liebst.
Du wirbst um sie, doch ich fall dir zur Last.
Pflanz Mitleid in dein Herz, denn wenn du gibst,
erhältst auch du, was du gegeben hast.
  Wenn du nicht gibst, was andere begehren,
  wird man es dir, wenn du es suchst, verwehren.

143

Lo as a careful huswife runs to catch,
One of her feathered creatures broke away,
Sets down her babe and makes all swift dispatch
In pursuit of the thing she would have stay:
Whilst her neglected child holds her in chase,
Cries to catch her whose busy care is bent,
To follow that which flies before her face:
Not prizing her poor infant's discontent;
So run'st thou after that which flies from thee,
Whilst I thy babe chase thee afar behind,
But if thou catch thy hope turn back to me:
And play the mother's part, kiss me, be kind.
    So will I pray that thou mayst have thy Will,
    If thou turn back and my loud crying still.

144

Two loves I have of comfort and despair,
Which like two spirits do suggest me still,
The better angel is a man right fair:
The worser spirit a woman coloured ill.
To win me soon to hell my female evil,
Tempteth my better angel from my side,
And would corrupt my saint to be a devil:
Wooing his purity with her foul pride.
And whether that my angel be turned fiend,
Suspect I may, yet not directly tell,
But being both from me both to each friend,
I guess one angel in another's hell.
    Yet this shall I ne'er know but live in doubt,
    Till my bad angel fire my good one out.

Sieh, wie die gute Hausfrau eilt und rennt,
um ein entlaufnes Huhn beim Schopf zu fassen,
sie setzt ihr Schoßkind ab, auch wenn es flennt,
nur um den Vogel nicht entfliehn zu lassen.
Ihr Kleines hat sie dabei ganz vergessen,
da sie den Flüchtling zu erhaschen sucht;
das Kind verfolgt sie greinend unterdessen,
denn ihm erscheint die Hühnerjagd als Flucht.
So läufst auch du nach dem, was vor dir flieht,
und ich, als Kind, lauf immer hinterdrein.
Hast du erreicht, was dich ins Ferne zieht,
küß mich, so wie die Mutter, und sei mein.
Gern will ich bitten, daß dein Will' gescheh',
kehr nur zurück zu mir und still mein Weh.

Trost und Verzweiflung heißen meine Lieben,
zwei Geister, die mir in die Ohren flüstern;
der gute ist ein Mann von edlen Trieben,
der böse ist ein Weib, lasziv und lüstern.
Um mich der Hölle auszuliefern, sucht
der böse Geist den guten zu vertreiben.
Kein Mittel ist dem Weibe zu verrucht,
um in dem Streit die Siegerin zu bleiben.
Ob sich der Engel mir zum Feind erklärt,
kann ich nur ahnen und nicht prophezeihn.
Da beide ich gezeugt hab und genährt,
muß einer wohl des andern Hölle sein.
Ich werde nie darauf die Antwort wissen,
eh' nicht das Weib den Engel totgebissen.

Those lips that Love's own hand did make,
Breathed forth the sound that said 'I hate',
To me that languished for her sake:
But when she saw my woeful state,
Straight in her heart did mercy come,
Chiding that tongue that ever sweet
Was used in giving gentle doom:
And taught it thus anew to greet:
'I hate' she altered with an end,
That followed it as gentle day,
Doth follow night who like a fiend
From heaven to hell is flown away.
   'I hate', from hate away she threw,
    And saved my life saying 'not you'.

Poor soul the centre of my sinful earth,
My sinful earth these rebel powers array,
Why dost thou pine within and suffer dearth
Painting thy outward walls so costly gay?
Why so large cost having so short a lease,
Dost thou upon thy fading mansion spend?
Shall worms inheritors of this excess
Eat up thy charge? is this thy body's end?
Then soul love thou upon thy servant's loss,
And let that pine to aggravate thy store;
Buy terms divine in selling hours of dross;
Within be fed, without be rich no more.
   So shalt thou feed on death, that feeds on men,
    And death once dead, there's no more dying then.

145

Die Liebe schuf der Lippen Rund,
das atmete den Laut: Ich hasse!
zu mir, der hing an diesem Mund.
Doch wie sie sah, daß ich's nicht fasse,
da drang ins Herz das Mitleid ihr
und schalt die rasche Zunge, die
sonst mild Gericht hielt stets mit mir,
und lehrte so zu grüßen sie:
Ich hasse! wiederholt sie jetzt
mit einem Schluß, der wie der Morgen
strahlend der Nacht folgt, die entsetzt
sich in der Hölle hält verborgen:
  Ich hasse, und sie rettet mich,
  vertreibt den Haß und haucht: nicht dich.

146

O Seele, Achse meiner Erdensünden,
du läßt dich narren von erregten Lüsten.
Tief innen weinst du und mußt Durst empfinden
und willst nach außen dich mit Flitter brüsten.
Wozu der Aufwand, bei so kargem Zins,
den du da treibst für dein verfallend' Gut?
Die Würmer sind des übermütigen Gewinns
alleine froh. Ahnst du den Tod im Blut?
Dann, Seele, lebe, wenn dein Diener zahlt,
und laß das Schmachten, das so an dir zehrt!
Tausch leere Stunden um ein Wort, das strahlt!
Sei innen reich und außen ohne Wert!
  Nähr dich vom Tod, wie Tod vom Leben frißt!
  Dann dauern wir, wenn der bezwungen ist.

My love is as a fever longing still,
For that which longer nurseth the disease,
Feeding on that which doth preserve the ill,
Th' uncertain sickly appetite to please:
My reason the physician to my love,
Angry that his prescriptions are not kept
Hath left me, and I desperate now approve,
Desire is death, which physic did except.
Past cure I am, now reason is past care,
And frantic-mad with evermore unrest,
My thoughts and my discourse as mad men's are,
At random from the truth vainly expressed.
    For I have sworn thee fair, and thought thee bright,
    Who art as black as hell, as dark as night.

148

O me! what eyes hath love put in my head,
Which have no correspondence with true sight,
Or if they have, where is my judgement fled,
That censures falsely what they see aright?
If that be fair whereon my false eyes dote,
What means the world to say it is not so?
If it be not, then love doth well denote,
Love's eye is not so true as all men's: no,
How can it? O how can love's eye be true,
That is so vexed with watching and with tears?
No marvel then though I mistake my view,
The sun itself sees not, till heaven clears.
    O cunning love, with tears thou keep'st me blind,
    Lest eyes well seeing thy foul faults should find.

Die Liebe treibt mich wie in Fieberschauern
stets nach dem hin, was meine Krankheit nährt.
Sie trinkt, was meinen Qualen hilft zu dauern,
weil Lust dies krankhaft unbewußt begehrt.
Und die Vernunft, der Arzt für dieses Brennen,
verließ mich zürnend, weil ich ihr Gebot
nicht halten kann. Verzweiflung lehrt erkennen:
die Sehnsucht ist ein Sterben ohne Tod.
Kann ich nicht heilen, will ich auch nicht hoffen!
Rastlosigkeit soll mich mit Irrwitz schlagen!
Mein Tun und Reden sei vom Wahn getroffen,
und was ich weiß, vermag ich nicht zu sagen!
    Denn ich hab auf dein schönes Herz geschworen,
    und es ist höllenschwarz aus Nacht geboren!

148

Ach, was für Augen hat die Lieb' mir in
den armen Kopf gesetzt? Die sehn nicht recht.
Und wenn sie säh'n, wo wär' mein Urteil hin?
Denn was sie richtig sehn, begreif ich schlecht.
Wär' alles schön, was lockt verliebte Augen,
warum sagt dann die Welt, es kann nicht sein?
Und wär's nicht so, dann zeigt die Lieb', es taugen
verliebte Augen nicht wie andre, nein!
Wie könnt' es sein, daß solch ein Blick nicht irrt,
den quält und tränenblind macht, was er sieht?
Was Wunder, daß das Schauen mich verwirrt:
Es sieht die Sonn' nicht, wenn Gewölk aufzieht.
    O schlaue Lieb', willst mich durch Tränen blenden,
    daß nicht die Augen deine Fehler fänden.

Canst thou, O cruel, say I love thee not,
When I against my self with thee partake?
Do I not think on thee when I forgot
Am of my self, all-tyrant, for thy sake?
Who hateth thee that I do call my friend,
On whom frown'st thou that I do fawn upon,
Nay if thou lour'st on me do I not spend
Revenge upon my self with present moan?
What merit do I in my self respect,
That is so proud thy service to despise,
When all my best doth worship thy defect,
Commanded by the motion of thine eyes?
　But love hate on for now I know thy mind,
　Those that can see thou lov'st, and I am blind.

O from what power hast thou this powerful might,
With insufficiency my heart to sway,
To make me give the lie to my true sight,
And swear that brightness doth not grace the day?
Whence hast thou this becoming of things ill,
That in the very refuse of thy deeds,
There is such strength and warrantise of skill,
That in my mind thy worst all best exceeds?
Who taught thee how to make me love thee more,
The more I hear and see just cause of hate?
O though I love what others do abhor,
With others thou shouldst not abhor my state.
　If thy unworthiness raised love in me,
　More worthy I to be beloved of thee.

149

Kannst du noch sagen, daß ich dich nicht liebe,
wenn ich zu dir stets halte gegen mich?
Grausame, denk ich nicht an diese Liebe,
wenn ich mein eig'nes Glück vergeß für dich?
Wer haßte dich, der mir als Freund gefiele,
wem zürntest du, den ich noch lächelnd grüße?
Du runzelst nur die Stirne, und schon fühle
ich Schuld auf mir, die ich durch Seufzer büße.
Welches Verdienst erblick' ich denn an mir,
zu stolz, um deinem Dienst sich zu empfehlen?
Selbst meine besten Gaben ehren noch an dir
das Fehl, wenn deine Augen es befehlen.
　Haß nur so fort, ich weiß recht wohl, mein Kind,
　du liebst die Sehenden – und ich bin blind.

150

Von welcher Macht hast du die Kraft geliehen,
mein Herz zu lähmen und in Bann zu schlagen,
daß du mich lehrst, das Falsche vorzuziehen
und selbst das Licht des Tages anzuklagen?
Wie kommt's, daß böse Kunst so überzeugt,
daß, wenn ich dir die Huldigung verweig're,
mich deine Kraft und Willkür niederbeugt,
bis ich dein Schlechtes übers Gute steig're.
Wie zwingst du mich, dich desto mehr zu achten,
je mehr ich Hassenswertes an dir finde?
Ach, wenn ich lieb', was andere verachten,
so hast zum Hohn du die geringsten Gründe.
　Je minder wert du bist, ein Herz zu füllen,
　je mehr bin ich's, um meiner Liebe willen.

Love is too young to know what conscience is,
Yet who knows not conscience is born of love?
Then gentle cheater urge not my amiss,
Lest guilty of my faults thy sweet self prove.
For thou betraying me, I do betray
My nobler part to my gross body's treason,
My soul doth tell my body that he may,
Triumph in love, flesh stays no farther reason,
But rising at thy name doth point out thee,
As his triumphant prize, proud of this pride,
He is contented thy poor drudge to be,
To stand in thy affairs, fall by thy side.
    No want of conscience hold it that I call,
    Her love, for whose dear love I rise and fall.

In loving thee thou know'st I am forsworn,
But thou art twice forsworn to me love swearing,
In act thy bed-vow broke and new faith torn,
In vowing new hate after new love bearing:
But why of two oaths' breach do I accuse thee,
When I break twenty? I am perjured most,
For all my vows are oaths but to misuse thee:
And all my honest faith in thee is lost.
For I have sworn deep oaths of thy deep kindness:
Oaths of thy love, thy truth, thy constancy,
And to enlighten thee gave eyes to blindness,
Or made them swear against the thing they see.
    For I have sworn thee fair: more perjured I,
    To swear against the truth so foul a lie.

151

Die Lieb' ist jung und hat noch kein Gewissen.
Doch jeder weiß: Gewissen wächst aus Liebe.
Drum laß die Welt nicht meine Fehler wissen,
wer weiß, ob sie dir nicht die Schuld zuschriebe.
Denn da du mich verrietst, verrat' auch ich
mein bess'res Teil, den Körper zu betrügen.
Die Seele sagt dem Leib, er könne sich
der Liebe freun; das Fleisch will sich vergnügen.
Bei deinem Namen lebt es auf und zeigt
auf dich als den erhofften Liebeslohn.
Es hat sich froh dir unters Joch gebeugt
und steht und fällt für dich in deiner Fron.
    Nennt's nicht gewissenlos, wenn als Vasall
    ich für die Lieb' der Liebsten steh und fall.

152

Meineidig hab ich Liebe dir geschworen,
doch du hast zweimal deinen Eid gebrochen:
im Bett gabst dein Gelübde du verloren,
aus neuem Schwur ist neuer Haß gekrochen.
Was zeihe ich dich zweier falscher Schwüre,
da ich doch mehr als zwanzig Eide brach;
denn ich schwor falsch, damit ich dich verführe,
und meine Treu zu dir ward Schand' und Schmach.
Ich hab geschworen auf dein keusches Leben,
auf deine Liebe, Ehr' und Ehrlichkeit,
hab mich geblendet, um dir Glanz zu geben
und was mein Auge sah, bestritt mein Eid.
    Der Schwur, auf deine Reinheit abgegeben,
    vergiftet mir als Lüge nun das Leben.

Cupid laid by his brand and fell asleep,
A maid of Dian's this advantage found,
And his love-kindling fire did quickly steep
In a cold valley-fountain of that ground:
Which borrowed from this holy fire of Love,
A dateless lively heat still to endure,
And grew a seething bath which yet men prove,
Against strange maladies a sovereign cure:
But at my mistress' eye Love's brand new-fired,
The boy for trial needs would touch my breast,
I sick withal the help of bath desired,
And thither hied a sad distempered guest.
　　But found no cure, the bath for my help lies,
　　Where Cupid got new fire; my mistress' eyes.

The little Love-god lying once asleep,
Laid by his side his heart-inflaming brand,
Whilst many nymphs that vowed chaste life to keep,
Came tripping by, but in her maiden hand,
The fairest votary took up that fire,
Which many legions of true hearts had warmed,
And so the general of hot desire,
Was sleeping by a virgin hand disarmed.
This brand she quenchéd in a cool well by,
Which from Love's fire took heat perpetual,
Growing a bath and healthful remedy,
For men diseased, but I my mistress' thrall,
　　Came there for cure and this by that I prove,
　　Love's fire heats water, water cools not love.

Cupido lag im Schlaf verfangen. Schnell
lief eine von Dianens Mädchen hin,
griff zu und löscht' in einem kühlen Quell
die Liebesfackel, die entflammt den Sinn.
Die Quelle lieh vom heil'gen Liebesbrand
nun eine Wärme, die nie mehr erkaltet,
und ward ein Bad, das alle Leiden bannt
und seltne Kraft in seiner Kur entfaltet.
Doch neu entzündet an der liebsten Augen
drückt' mir der Bub nun recht den Brand ins Herz.
Ich lief todwund zum Bad, das sollte taugen
nun auch zu lindern meinen argen Schmerz.
    Ich fand kein Heil, da sich nur Hilfe findet
    in deinem Blick, der Amors Brand entzündet.

Als einst der kleine Liebesgott entschlief,
da legte er die Fackel an die Seiten;
doch eine Schar von keuschen Nymphen lief
herzu, und mit der Hand, der mondgeweihten,
stahl da die schönste Heldin des Entbehrens
den Brand, der schon so manches Herz entfacht.
So bracht' den Gott des himmlischen Begehrens
im Schlafe eine Jungfrau um die Macht.
Die Fackel tauchte sie in einen Bach,
der sich dadurch zu einem Bad erwärmte,
das Heilung brachte manchem Ungemach.
Als ich mich einst um meine Liebste härmte,
    kam ich dorthin und mußte bald erkennen:
    Kein Wasser löscht der Liebesfackel Brennen.

Der englische Text folgt
in Schreibung und Interpunktion
der Ausgabe:

The Sonnets
(The New Cambridge Shakespeare, vol. 6),
edited for the Syndics
of the Cambridge University Press
by John Dover Wilson,
Cambridge 1966.

1. Auflage

Deuticke
A-1010 Wien, Hegelgasse 21

Lektorat: Michael Strand
Umschlaggestaltung: Robert Hollinger
unter Verwendung eines
Stiches von Martin Droeshout
Druck: Wiener Verlag, Himberg bei Wien
Printed in Austria

ISBN 3-216-30200-8